건강과 행복을
기원합니다

최명기

걱정도 습관이다

생각도 습관이다

생각에
휘둘리고

혼자
상처받는
사람들

최명기 지음

알키

걱정을 해서 걱정이 없어지면 걱정이 없겠네.

— 티베트 속담

출간 10주년 기념
스페셜 에디션 서문

《걱정도 습관이다》를 집필하던 10년 전 나에겐 유난히 걱정할 일이 참 많았다. 걱정이 많아서 매일 걱정을 생각하다 보니 원고도 참 쉽게 쓰였다. 걱정에 대한 책을 쓰는 것 자체가 나의 걱정을 조절하는 데 도움이 됐다. 그래서 《걱정도 습관이다》는 독자를 위한 책이기도 했지만, 나를 위한 책이기도 했다.

지난 10년을 돌이켜 보면 당시 걱정하던 일 중엔 그냥 저절로 해결된 일도 있었고, 걱정했던 것보다 더 힘들었던 일도 있었다. 예상치 못한 좋은 일도 있었고, 예상치 못한 나쁜 일도 있었다. 예상치 못한 좋은 일 중 하나는 《걱정도 습관이다》가 독자들에게 많은 사랑을 받았다는 것이다. '걱정' 때문에 예상치 못한 좋은 일이 생겼다.

열 살이 된 걱정들

사회 문제가 해결되기 위해서는 사회가 변해야 한다. 그런데 이런저런 이유로 사회가 변하는 것이 쉽지 않다. 해결 방법을 찾는 것이 어려울 때도 있고, 저마다 해결 방법이 다를 때도 있다.

지난 10년 동안 한국 사회는 급변했다. 그로 인한 문제는 이 사회를 살아가는 우리 모두에게 영향을 줬다. 사회적 변화에 대해 불안에 사로잡히는 개인이 늘어날수록 갈등은 심화된다. 반대로 불안에 잘 대처하는 개인이 늘어날수록 성숙한 사회가 된다. 급변하는 사회로 인한 불확실성을 개인이 대처하는 데에 《걱정도 습관이다》가 작은 도움이 됐으리라 생각한다.

《걱정도 습관이다》가 열 살이 되는 동안 나도 열 살을 더 먹었다. 10년 동안 걱정에 대해서 새롭게 든 몇 가지 생각이 있다.

우리는 불확실할 때 걱정한다. 불확실하다는 것은 상황이 어떻게 될지 알 수 없다는 것을 뜻한다. 더 나빠질 수도 있고, 지금 상태가 유지될 수도 있고 혹은 더 좋아질 수도 있다. 걱정의 상당 부분은 불확실성 그 자체 때문에 발생한다. 결정이 나고 지금보다 상황이 나빠지더라도 불확실성이 사라지면 걱정과 불안은 줄어든다. 명료하게 끝나지 않았기 때문에 앞일을 걱정한다(걱정한다는 것은 지금이 그나마 최악은 아니라는 의미임에 위로받자).

그러나 인간은 생각보다 강하다. 인류가 그동안 전쟁, 기아,

전염병 등 최악의 상황을 견뎌냈기에 지금 내가 여기에 있다. '나'라는 인간도 내가 상상하는 것보다 강하다. 지금은 최악이라고 생각하면서 두려워하는 상황도 막상 현실로 다가오면 걱정했던 것보다 훨씬 잘 견뎌낸다.

나쁜 것과 나쁜 것 사이에서 결정해야 할 때도 걱정한다. 물론 좋은 것과 나쁜 것 사이에서 선택해야 할 때는 당연히 좋은 것을 선택한다. 걱정할 이유가 없다. 혹시 나쁜 것을 선택할 수밖에 없더라도 걱정이 개입할 여지가 없다. 화를 내건 절망하건, 슬퍼하면 된다.

오히려 가장 곤란한 상황은 나쁜 것과 나쁜 것 사이에서 선택해야 할 때다. 어느 쪽을 선택해도 나쁘니 '어떻게든 되겠지' 하면서 결정을 미룬다. 결정을 미루는 만큼 걱정도 커진다. 그러다 보면 스스로 결정하는 대신 '결정당하게' 된다. 덜 나쁜 것과 더 나쁜 것 중에는 덜 나쁜 것을 선택해야 한다. 이렇게 나쁜 것과 저렇게 나쁜 것 사이에서는 나의 의지가 더 많이 반영되는 쪽을 선택해야 한다.

물론 최선의 선택이 최악의 결과를 가져올 수도 있다. 그러나 그 시점에선 최선의 선택이었다는 것에 변함은 없다. 우리는 결과가 좋으면 좋은 선택이었다고 생각하고, 결과가 나쁘면 나쁜 선택이었다고 생각한다. 다른 선택을 했다면 틀림없이 결과가 좋았을 것이라고 상상하고는 한다. 하지만 결과는 알 수 없다. 어느 선택을 했건 좋은 결과로 이어졌을 수도 있고 나쁜 결과로 이어졌을 수도 있다. 오히려 그때 했던 최선의 선택이 아니라 다른 선택을 했다면 더 나쁜 결과로 이어졌을 수도 있다. 따라서 어느 쪽을 선택하느냐보다 더 중요한 것은 선택 그 자체다. 그리고 결과에 상관없이 내가 최선의 선택을 했다고 믿어야 한다. 나와 똑같은 성장 과정을 거쳐서 나와 똑같은 상황에 처한다면 그 누구도 나보다 더 나은 결정을 하지 못한다. 결과에 상관없이 우리는 항상 최선을 다해서 결정한다. 그리고 결과는 항상 불확실성을 동반한다는 것을 명심하자.

당면한 문제에 압도되면 눈앞의 문제를 과대평가하기도 한다. 지금 걱정하는 일이 잘 풀린다고 해서 미래에 꼭 행복하게 살 수 있는 것도 아니고, 지금 걱정하는 일이 안 풀린다고 해서 꼭 불행하게 사는 것도 아니다. 그러나 우리는 지금 걱정하는 일이 미래의 행복이나 불행과 직결된다고 착각한다. 그러다 보니 필요 이상으로 걱정한다. 우리의 최종 목적은 '행복하게 잘 사는 것'이다. 인생의 행복과 불행을 결정하는 것은 지금 내가 걱정할 일이 아니다. 지금은 상상도 하지 못할 수많은 일들이 앞으로 내 인생의 행복과 불행을 결정할 것이다.

걱정을 해결하는 최선의 방법은 나의 힘을 키우는 것이다. 약한 이에게는 걱정되는 일이 강한 이에게는 걱정되지 않는다. 돌이켜 보면 그때 왜 그렇게 걱정했는지 나 자신도 이해할 수 없을

걱정도 습관이다

때가 있다. 그러나 당시의 나로서는 그럴 수밖에 없었다. 지금의 나로서는 과거의 나를 이해하기 어렵다. 세월이 흐르는 동안 아주 조금이라고 해도 나는 성장했기 때문이다. 그러니 걱정을 해결하는 가장 근본적인 방법은 '성장'이다.

이 책을 사랑해준, 앞으로 사랑해줄 독자들에게

《걱정도 습관이다》독자 리뷰를 읽다 보면 자녀를 둔 엄마도 있고, 군대에 있는 청년도 있고, 학교 과제로 독후감을 작성해야 하는 중학생도 있었다. 그동안 책을 사랑해준 독자들에게 이 글을 통해서 감사 인사를 드린다. 앞으로 《걱정도 습관이다》를 사랑해주실 독자들에게도 이 글을 통해 미리 감사 인사를 드린다.

책도 나이를 먹고, 독자도 나이를 먹고, 저자도 나이를 먹는다. 나이가 들수록 더 좋은 글을 쓰는 작가가 되고 싶다는 바람을 가져본다. 그래서 10년, 20년, 100년 꾸준히 나이를 먹는 책을 쓰고 싶다.

들어가는 글

"저는 정신과 의사입니다."

이 말을 하면 많은 사람들이 내가 영화나 드라마에 나오는 것 같은 엄청난 사연의 환자들을 만날 것이라고 기대한다. 특히 어린 시절의 상처로 인해 고통에 시달리는 환자가 나를 만나 지혜롭게 위기를 헤쳐 나갈 것이란 상상을 하는 사람들이 종종 있다. 그런데 실제로 정신과에는 어떤 환자들이 가장 많이 찾아올까?

바로 멈추지 않는 걱정, 폭주하는 생각으로 인해 잠을 잘 못 자겠다는 환자들이다. 이들을 괴롭히는 걱정의 원인도 사실 따져 보면 유별난 것은 별로 없다. 돈 문제로 쪼들린다든가, 자신이나 가족이 중병에 걸렸다든가, 자식이 속을 썩인다든가, 배우자나 본인이 외도를 한다든가 하는, 우리 주변에서 흔히 볼 수 있는 구

걱정도 습관이다

체적인 삶의 위기들이 그 원인이다. 이로 인한 스트레스가 제때 해소되지 못하고 누적되면 앞으로도 일이 계속 잘못될 것이라는 걱정에 사로잡혀 육체적·정신적 고통에서 헤어나오지 못하게 되는 것이다.

내가 이 책을 쓰게 된 이유

걱정이 정신에 미치는 영향은 다양하다. 마음이 무겁고 의욕이 없고 잠도 자지 못한다. 이것이 심각해지면 우울증까지 온다. 심리적 트라우마Trauma를 입은 후 당시 상황이 마음에서 지워지지 않고 자꾸 떠오르면서 관련된 사람이나 상황을 피하고 싶고 깜짝깜짝 놀란다면 '외상후스트레스장애Post Traumatic Stress Disorder, PTSD'다. 아무 이유 없이 가슴이 두근거리고 숨이 막히고 죽을 것 같다면 '공황장애'다. 혹시 몸에 이상이 있지 않나 계속 걱정하게 되면 '건강염려증'이다. 걱정을 잊기 위해 계속 술만 마시다 보면 '알코올의존증'이 된다.

이것이 보통 정신과에 가면 의사들이 내리는 진단이다. 의사들은 환자가 어떤 병에 걸렸는지 파악하고 각 병에 맞는 약을 처방하려고 든다. 하지만 환자 입장에서는 "이런 증상이니까 저런 약을 처방해드릴게요"라는 말을 듣고 싶어서 병원에 오는 게 아니다. 계속 두렵고 비관적인 생각이 들다 보니 고민거리를 상담하여 걱정을 덜고 대안을 찾으려고 오는 것이다.

그런데 환자의 걱정거리에 대해 의견과 대안을 내놓는다는 것이 쉬운 일은 아니다. 지인이 아닌 이상 환자가 처한 복잡한 상황이나 관계를 의사가 정확히 알 수 없기 때문이다. 나 역시 이 부분이 고민되어 관련 책도 찾아보고 논문도 찾아보고 강연도 다녀봤지만, 도무지 뾰족한 수를 찾을 수가 없었다. 불안이나 트라우마를 다룬 책이나 연구는 상당히 많은 편인데, 이상하게도 불안과 트라우마를 절반씩 닮은 '걱정'을 달고 사는 사람들을 위한 얘기는 거의 찾아볼 수가 없었다.

그래서 나는 약을 먹을 정도는 아니지만 걱정으로 인해 삶에 상당한 지장을 받는다고 느끼는 사람들, 끊이지 않는 걱정으로 인해 머리가 아프고 가슴이 답답한 사람들, 바로 이런 사람들을 위해 직접 이 책을 쓰기로 결심했다. 나아가 본인이 '중증 걱정 환자'는 아닌 것 같지만 밀려드는 걱정을 슬기롭게 해결해 보다 마음 편한 삶을 살고 싶다고 느끼는 평범한 사람들 모두에게 도움이 될 만한 책을 쓰기로 마음먹었다.

걱정 문제를 해결하기 위해 꼭 필요한 것

정신과를 찾을 정도는 아니더라도 누구나 살아가며 걱정이 끊이질 않아 괴로웠던 적이 한두 번쯤 있을 것이다. 문제는 그런 횟수가 얼마나 많느냐는 것인데, 이는 사실 타고난 성격에 따라 어느 정도 달라지는 편이다.

심리학자들은 인류의 공통적인 성격 요인을 파악하기 위해 수십 년간 동양인, 백인, 흑인, 오지에 사는 원주민을 연구했다. 그 결과, 가장 주가 되는 성격 요인을 외향성Extraversion, 신경성Neuroticism, 성실성Conscientiousness, 친화성Agreeableness, 개방성Openness 등 다섯 가지로 규정하고, 이를 '빅 파이브Big Five'라고 표현했다. 이 다섯 가지 요인이 어떻게 조합을 이루느냐에 따라 사람마다 성격 차이가 발생한다. 5요인의 특징은 다음과 같다.

	높다	낮다
외향성	욕심 많고 열정적임	수동적이고 조용함
신경성	신경질적이고 걱정이 많음	균형적이고 안정적임
성실성	계획적이고 꼼꼼함	동적이고 실수를 많이 함
친화성	사람을 잘 믿고 감정 이입을 잘함	비협조적이고 적대적임
개방성	창조적이고 독창적임	실용적이고 보수적임

불안하고 겁이 많은 이들은 신경성 경향이 상대적으로 매우 높으며 위험을 회피하려고 한다. 당신이 남들에 비해 유독 걱정이 많아 괴로워하는 사람이란 생각이 든다면 이 유형에 속할 가능성이 크다. 또한 신경성과 성실성 기질이 합쳐진 경우에도 일이나 생활에서 자기 기준이 지나치게 높은 데 따른 걱정 때문에 엄청난 스트레스가 발생할 수 있다.

신경성과 친화성 기질이 모두 높은 사람들은 남의 부탁을 잘 거절하지 못하고 남의 일을 자기 일처럼 받아들이며 쉴 새 없이 걱정한다. 이 유형에 속하는 사람들은 그 외에도 대체로 다음과 같은 성향을 띤다.

- 남의 눈치를 많이 본다.
- 실수할까 봐 두려워한다.
- 주변 사람들로부터 예민하다는 말을 곧잘 듣는다.
- 스스로 정신력이 약하다고 느낀다.
- 나를 피곤하게 만드는 상황이나 사람은 회피하려 든다.

이렇듯 "걱정이 너무 많아 걱정"이라는 사람들에게는 단지 걱정만 문제가 되는 게 아니다. 그래서 주위에서 아무리 충고를 해도 위의 성향들이 하나둘 발동해 원래 자신이 하던 대로 잘 결정을 내리지 못하고 불안함에 전전긍긍하게 된다. 관련된 책을 보

걱정도 습관이다

거나 상담을 해보아도 처음에만 좀 효과가 있을 뿐 얼마간의 시간이 지나면 제자리로 되돌아오는 느낌이다.

왜 그럴까? 걱정이 많은 이들은 걱정을 피하기 위해 평생 순간순간 노력한다. 이들은 스스로를 보호하기 위해 어떻게 해서든 위험 요소를 회피한다. 학교를 선택할 때도, 직업을 선택할 때도, 배우자를 선택할 때도 자신을 보호하는 것이 최우선이다. 위험으로부터 자신을 보호해줄 울타리를 만드는 것이다.

그런데 세월이 흐르고 나면 그 울타리가 어느새 자신을 잡아 가두는 감정의 감옥이 된다. 이것이 머릿속을 점령한 걱정들로부터 벗어나는 데 일시적인 효과는 있을지 몰라도 근본적인 해결책이 되지는 못하는 것이다.

따라서 이 책에서는 나의 내면과 나를 둘러싼 상황을 전반적으로 바꾸어나가면서 당신 자체가 조금씩 단계적으로 변화하기 위한 방법들을 소개하려 한다. 마음고생을 덜고 조금 더 편해질 수 있도록 근본적인 문제를 해결하는 방법들을 제시하고자 한다.

강한 멘탈의 소유자가 되기까지

이 책에는 '걱정 많은 나'가 '멘탈Mental 강한 나'로 재탄생하기까지 필요한 네 가지 단계가 순서대로 담겨 있다.

먼저 1단계는 '나란 사람 이해하기'다. 이는 "왜 나는 항상 걱정이 많을까?"라는 의문의 답이라고도 볼 수 있다. 대체 내가 어떤 사람이길래 별것 아닌 걱정들로 줄기차게 괴로워하는 것인지를 파악해보는 단계다. 단순히 성격적인 특성도 있지만, 그로 인해 발현되는 행동 및 태도의 특성에 대해서도 알아볼 수 있을 것이다. 이를 위해 관련 사례를 자세히 담아 자신이 가진 문제와 성격, 행동 특성과 비교해볼 수 있도록 했다. 이렇게 내가 어떤 사람인지를 알았으면 그 부분을 인정하고 받아들이는 것까지가 이 단계에서 해야 할 일이다.

2단계는 '일상 속의 작은 노력'이다. 나의 어떤 면이 걱정을 만들어내는지 알았다면 이제는 "내 머릿속 근심과 걱정, 무엇으로 쫓아낼까?"를 고민해야 한다. 이를 위해 들쭉날쭉한 감정을 온전히 붙잡기 위한 '감정 일지' 쓰는 법과 '걱정 집중 시간 및 생각 집중 시간'을 번갈아 정해놓음으로써 걱정을 관리하는 방법 등을 소개한다. 무엇보다 걱정을 완전히 없애는 것이 아닌 일상 속 작은 노력들을 통해 걱정을 조금씩 줄이려는 시도가 중요하다는 사실을 일깨워준다.

3단계는 '마침내 결단, 그리고 결정'이다. 작은 노력들을 통해 어느 정도 걱정을 다스릴 수 있게 된 것만으로도 만족하는 사람이라면 굳이 여기부터는 읽어볼 필요가 없겠다. 하지만 어떤 걱정에도 괴로워하지 않는 '강한 멘탈'을 갖고자 한다면 지금부터

걱정도 습관이다

펼쳐질 내용에 더욱 집중할 필요가 있다. 이 단계는 "어떻게 해야 내 마음이 더 이상 흔들리지 않을까?"라는 물음에 답을 찾는 과정이다. 특히 나를 둘러싼 환경을 어떻게 바꾸어나갈지, 어떤 사람을 가까이하고 어떤 사람을 멀리해야 할지 등에 관한 힌트를 제공한다.

4단계는 '더 단단한 나를 향해 한 걸음'이다. 마음의 지속적인 성장을 이루기 위한 단계로, "내 마음을 지키는 멘탈 강한 사람이 되려면?"이란 주제를 담고 있다. 여기서는 생애 주기별로 인생 목표를 세우는 법이라든가 무의식적인 성장을 이루는 법 등을 소개한다. 걱정을 덜하고 끓어오르는 감정을 순식간에 잘 가라앉히는 것도 대단히 중요하지만, 그보다 중요한 것은 외부적인 상황에 영향받지 않고 나를 지켜갈 수 있는 강한 멘탈이다. 내가 말하는 3단계와 4단계는 바로 이런 체질적인 변화를 만들어내기 위한 것으로, 이를 위해서는 평생에 걸쳐 꾸준히 내적 성장을 일구어나가겠다는 개인의 강한 의지가 매우 중요하다.

작은 상처는 그때그때 소독을 하면 큰 상처로 번지지 않는다. 그런데 소독 시기를 놓치면 어느새 욕창이 되고 감염이 되어 패혈증으로까지 이어진다. 이 정도 되면 상처 부위를 아예 대대적으로 제거하는 수술을 받아야 할 수도 있다. 마음의 병 역시 마찬가지다. 미리미리 걱정에 대처할 수 있다면 커다란 병으로까지 자라진 않을 것이다.

나는 이 책이 사소한 걱정 때문에 힘든 분들에게 도움이 될 것이라고 믿는다. 수많은 걱정에 압도되어 정신적·신체적 증상이 나타나는 바람에 어찌 해야 할지 모르는 사람들에게도 분명 탈출구를 알려줄 것이라고 믿는다. 이미 걱정이 심각하여 불면증, 우울증, 불안증, 스트레스장애, 신경증 등으로 고생하는 사람들에게도 약과 함께 마음을 치유해줄 중요한 보조 수단이 될 것이라 믿는다.

하지만 무엇보다 걱정을 끊어버리는 것을 넘어 좀 더 강한 멘탈을 키우고자 하는 사람들에게 가장 큰 도움이 될 것이라 생각한다. 남이 뭐라고 하든 웃어넘길 줄 아는 자신감 넘치는 사람, 닥치지 않은 상황에 대해 미리 넘겨짚지도 고민하지도 않는 여유 있는 사람이 늘 부러웠다면 이 책을 통해 당신도 그렇게 변화할 수 있다는 희망을 갖게 되길 바란다. 건투를 빈다.

최명기

걱정 지수 테스트

당신이 평소 얼마나 걱정에 휘둘리고 있는지, 그로 인해 마음 상태가 얼마나 불안하고 들쭉날쭉한지 알아보는 테스트다. 다음 항목을 하나씩 읽어보면서 본인에게 해당된다고 생각하면 ✔ 표시를 해보자.

**나는
걱정거리가
생기면……**

- ☐ 꼬리에 꼬리를 물며 생각이 나는 바람에 걱정에서 벗어나지 못한다.
- ☐ 집중이 되지 않아 일이나 공부가 손에 잡히지 않는다.
- ☐ 이러지도 저러지도 못하면서 결정을 내리지 못한다.
- ☐ 계속 상황이 잘못되는 경우를 생각하며 절망감에 사로잡힌다.
- ☐ 남에게 표현하지 못하고 혼자 끙끙 앓는다.
- ☐ 잠을 이루지 못하거나 반복적으로 악몽을 꾼다.
- ☐ 내가 잘못해서 그런 게 아닐까 하는 죄책감에 사로잡힌다.
- ☐ 평소 재미를 느끼던 일조차 하고 싶지 않다.
- ☐ 사소한 일에도 짜증이 나고 화가 난다.
- ☐ 작은 일에도 깜짝깜짝 놀란다.

☐ 생각이 너무 많아진 나머지 멍해져서 정작 중요한 생각을 하지 못한다.

☐ 두통, 복통, 근육통, 피로감 등의 신체적 증상이 나타난다.

☐ 사람들이 많은 곳에 가는 것이 싫다.

☐ 사람들 앞에서 실수하게 될까 봐 두렵다.

☐ 별일 아닌데도 심한 부끄러움을 느낀다.

☐ 나를 괴롭히는 사람이나 상황을 줄곧 회피하려고 한다.

☐ 지나치게 조심하게 되어 스스로도 힘들다.

☐ 항상 불안하고, 사람 혹은 세상을 신뢰하지 못하겠다.

☐ 걱정의 원인이 된 특정 대상이 이후에도 계속 두려워질 때가 있다.

예) 끊임없이 건강을 염려한다.
　　사고가 발생한 비행기, 지하철, 버스, 엘리베이터 등에 탑승하지 못한다.

☐ 스스로 걱정에서 벗어나기 위해 독특한 나만의 방법을 사용한다.

예) 손 씻기, 정돈하기, 확인하기, 기도하기, 숫자 세기, 같은 단어 반복하기 등

걱정도 습관이다

다 끝났으면 이제 ✓ 표시를 한 항목의 개수를 세어보자.
그리고 아래에서 결과를 확인해보자.

0개	당신은 매우 긍정적인 편으로 걱정에 내성이 강한 사람이다.
1~3개	당신은 다소간의 걱정을 안고 살아가는 사람이다. 대부분의 사람이 여기에 속한다고 볼 수 있다.
4~8개	당신은 평범한 사람보다 조금 더 걱정을 많이 하고, 그것에 영향도 제법 받는 사람이다.
9~15개	당신은 심각한 걱정쟁이다. 너무 많은 근심과 걱정 때문에 본인도 힘들지만, 주변 사람들에게도 좋지 않은 영향을 끼치고 있다.
16개 이상	이런 결과가 나왔다면 당신은 전문가의 도움을 받아야 한다.

* 나는 위의 테스트에서 V 표시를 한 항목의 개수가 4~15개 사이인 사람들을 대상으로 이 책을 썼다. 평범한 사람보다 좀 더 걱정이 많은 사람, 나아가 심각한 걱정쟁이들에게도 도움이 될 수 있도록 내용을 구성했음을 밝힌다.

차례

1단계 나란 사람 이해하기

"왜 나는 항상 걱정이 많을까?"

2단계 일상 속의 작은 노력

"내 머릿속 근심과 걱정, 무엇으로 쫓아낼까?"

3단계 **마침내 결단, 그리고 결정**

"어떻게 해야 내 마음이 더는 흔들리지 않을까?"

4단계 더 단단한 나를 향해 한 걸음
"내 마음을 지키는 멘탈 강한 사람이 되려면?"

나란 사람
이해하기

"왜 나는 항상 걱정이 많을까?"

미국의 심리학자 조지프 루프트Joseph Luft와 해리 잉검Harry Ingham은 인간의 마음을 네 가지로 나눴는데, 이를 일컬어 두 사람의 이름을 따서 '조해리의 창Johari's Window'이라고 한다. 조해리의 창에 따르면 인간의 마음은 '나도 알고 남도 아는 부분' '나는 알지만 남은 모르는 부분' '남은 알지만 나는 모르는 부분' '남도 모르고 나도 모르는 부분'으로 나뉜다.

나는 알지만 남은 모르는 치부를 감추려고만 하고, 남은 알지만 나는 모르는 단점을 계속 부정하며 살다 보면 인생이 꼬이게 마련이다. 반면 나는 알지만 남은 모르는 부분을 용기 내어 남에게 드러내고, 남은 알지만 나는 모르는 부분을 진정으로 받아들일 때 인간은 성숙해진다. 이 단계를 지나면 남도 모르고 나도 모르는 부분이라고 생각했던 점이 점점 줄어들면서 나는 알지만 남은 모르는 부분, 남은 알지만 나는 모르는 부분에 흡수된다. 그렇게 흡수된 나는 알지만 남은 모르는 부분을 또다시 드러내고, 남은 알지만 나는 모르는 부분을 또다시 의식화하면서 나도 알고 남도 아는 진정한 '나는 나' 영역이 확대되는 것이다. 이 과정을 거치면서 우리는 점점 나에 대해 더 많은 것을 알아가고 자신의 인생을 대부분 통제할 수 있게 된다. 이는 곧 '도대체 내가 왜 그랬을까' 하고 머리를 쥐어뜯으며 후회할 일들이 점점 줄어든다는 뜻이다. 남의 눈치를 보며 불안해하고 넘치는 생각들로 피곤하기 짝이 없는 나를 바꾸고 싶은 당신이 제일 먼저 해야 할 일은 바로 자기 자신을 제대로 파악하고 인정하는 것이다. 문제를 정면에서 바라볼 때 해결책도 함께 보이는 법이다.

당최 부탁을
거절하지 못하는 사람

"응, 그래. 많이 힘들겠네. 내가 오늘 집에 들어가는 대로 부쳐줄 게. 너무 걱정하지 마."

어두운 표정으로 전화를 끊는 김 대리를 보고 함께 점심을 먹던 송 대리가 물었다.

"무슨 전화길래 이 신성한 점심시간에 밥 먹다 말고 한숨이야? 집에 안 좋은 일 생겼어?"

"친구가 카드값이 연체됐는데 갚을 돈이 하나도 없대. 나한테 돈을 빌려달라는데 나도 이번 달 카드값 빠져나가면 여윳돈이 전혀 없거든."

"그럼 안 된다고 하면 되지, 뭐가 그리 걱정인데?"

김 대리는 다시 한번 길게 한숨을 내쉬었다.

"그러게. 그렇게 하면 간단한데……. 나랑 너무 친한 친구여서 거절을 못하겠더라고."

송 대리는 어이가 없었다. 송 대리와 김 대리는 서로를 의지하며 힘든 직장생활을 버텨온 입사 동기로, 지금은 둘도 없이 친한 친구 사이다. 그런데 평소 회사에서도 착하다는 이유로 선후배들에게 심심치 않게 무시를 당하곤 하는 김 대리가 송 대리는 안쓰럽기도 하고 짜증 나기도 했다.

"아니, 지금 그럼 빚을 져서라도 돈을 빌려주겠다는 거야? 그게 말이 돼?"

"나야 돈 들어갈 데도 별로 없고 이번 달 허리 졸라매면 다음 달에 메울 수 있으니까. 그런데 이 친구는 애들 교육비에, 시부모님 용돈에 아주 허리가 휘거든."

"아주 천사 나셨다, 천사 나셨어. 그렇게 하면 마음이 편해? 자꾸 이러면 신용불량자 된다. 몰라?"

김 대리는 잠시 생각에 잠긴 것 같았다. 그러더니 고개를 숙이며 얼굴을 감싸 쥐었다.

"내가 무슨 천사겠어. 나도 미칠 거 같아. 사실 이 친구가 그간 빌려 간 돈이 이런 식으로 몇백 정도 돼. 그런데 더 이상 안 된다는 말이 안 나와. 나 진짜 이상하지?"

"김 대리는 이상한 게 아니라 착한 거야. 그것도 아주 말도 못하게. 전화기 이리 줘봐. 내가 대신 거절해줄 테니까."

걱정도 습관이다

"그러지 마! 내가 알아서 할게."

이번에는 송 대리가 긴 한숨을 내쉬었다.

남의 부탁을 거절한다는 것은 쉽지 않은 일이다. 대부분의 사람들은 자신이 괜찮은 사람이라고 느끼며 살아가고 싶어 한다. 특히 남에게 좋은 사람이 되고 싶은 본능이 있기 때문에 누군가가 간곡한 부탁을 했을 때 바로 거절할 수가 없는 것이다. 우물쭈물하다가 결국 해낼 자신도 없으면서 알겠다고 하고 돌아서서 후회하는 사람들이 너무나 많다. 이들은 곤란한 부탁을 받는 순간 머릿속에 천만 가지 생각이 순식간에 떠오른다.

'내가 못하겠다고 하면 그다음부터는 나를 쳐다도 안 보겠지? 사람들한테 나를 쪼잔하고 피도 눈물도 없는 매정한 사람이라고 욕하고 다닐지도 몰라. 아니, 우리 둘 사이는 완전히 끝날 거야. 설령 겉으론 쿨한 척을 해도 속으론 내가 자기를 믿지 않는다고 생각할 거야. 그러곤 자기도 지금부터 나를 친구라고 생각하지 않을 거야. 나를 못 믿을 놈이라고 여기겠지.'

그렇다고 부탁을 들어주자니 내가 당장 보게 될 손해가 너무 크다. 이럴 수도 없고 저럴 수도 없고. 꼬리에 꼬리를 물고 일어나는 끝없는 고민은 바로 이 지점에서 생겨난다. 그렇다. 생각 많고 고민 많은 이들의 가장 큰 특징은 이렇게 남의 부탁을 쉽사리 거절하지 못한다는 것이다.

1단계: 나란 사람 이해하기

거절하지 못해 괴로운 사람들

김 대리 역시 고민에 빠져 있다. 일단 돈을 빌려주겠다고 하긴 했는데, 막상 전화를 끊고 곰곰이 생각해보니 그 친구가 절대 돈을 갚을 리 없어 보인다. 그렇다고 돈을 빌려줄 수 없을 것 같다고 하면 친구가 "이제 와서 이러면 어떻게 하느냐"라며 화를 낼 것도 같다.

김 대리 같은 인물은 아마 직장생활을 하면서도 거절하지 못하는 성격 때문에 여러 가지로 고생을 할 가능성이 크다. 직장생활을 하다 보면 주변 사람들로부터 곤란한 부탁이 들어오는 경우가 종종 있다. 지금 하는 일만으로도 힘들어 죽겠는데, 직장 상사가 계속 일을 던져주는 상황. 정말 하기 싫지만 못 하겠다고 하면 왠지 미운털이 박힐 것만 같다. 하지만 거절하지 않는다면 상사는 내가 감당하지 못할 때까지 나를 몰아붙일 것이다. 김 대리 같은 사람들은 그렇게 주어진 업무를 꾸역꾸역 해내며 힘들다는 말 한마디 없이 끝까지 버틴다. 그렇게 버티고 버티다 마침내 한계에 다다랐을 때 안 될 것 같다고 하면 상사는 뭐라고 할까?

"그동안 정말 힘들었겠군. 내가 너무 과했지? 미안하네."

이런 답을 기대하는가? 천만의 말씀.

"아니, 이제 와서 이러는 법이 어디 있나? 지금 못 하겠다고 하면 나머지는 누가 책임져?"

걱정도 습관이다

적반하장도 유분수라고? 글쎄, 이것이 현실이다.

내가 힘들게 일할수록 상사는 점점 편해지는 한편 나에게 더욱 많이 의존하게 된다. 그러다 보면 내가 무리해서 일하는 것을 당연시한다. 이 상황에서 내가 못 하겠다고 나오면 상사는 타격이 엄청나게 클 수밖에 없고 자연히 자신이 곤란해졌다고 느끼게 된다. 이렇게 상사가 나의 고통을 공감하지 못하도록 부탁을 계속 들어주는 것도 결국은 내가 내 무덤을 파는 일일 수 있음을 정확히 알아야 한다. 한마디로, 안 될 것 같을 땐 안 된다고 말해야 한다는 것이다.

김 대리 같은 인물은 결혼할 때도 큰 문제다.

한 살, 두 살 나이가 들면서 혼기를 놓치면 안 되겠다 생각하던 시점에 상대가 너무 적극적으로 나오다 보니 떠밀리듯 결혼하게 된 여자가 있었다. 그녀는 맞선으로 만난 이 남자가 과연 평생의 반려자로 적합할지 확신이 없었지만, 남자의 간절한 프러포즈를 차마 거절할 수가 없었다. 이후 남자의 부모님을 뵙고, 상견례를 하고, 식장을 정하고, 혼수에 대한 얘기를 나누고, 청첩장을 돌리면서 그녀는 남자의 결정적인 문제를 알게 됐다. 둘은 크게 다툰 후 화해하긴 했지만, 이 문제로 사사건건 충돌했다.

'이 남자와 평생을 함께할 수 있을까? 아, 이건 정말 아닌 거 같은데……'

그녀는 프러포즈를 받아들이기 전에 해야 했던 고민들을 뒤

늦게 하느라 잠을 이루지 못했다. 하지만 차마 파혼을 감당할 수는 없을 것 같았다. 결국 그녀는 어쩔 수 없이 그런 확신 없는 상태로 결혼식을 올리고 말았다.

이 결혼의 결과는 어땠을까? 두말할 것도 없이 여러분이 예상하는 대로다. 그녀와 그 남자는 신혼 때부터 이런저런 문제로 계속 싸웠다. 그리고 결혼 전 고민했던 바로 그 문제를 해결하지 못해 결국 이혼에 이르게 됐다.

이럴 때는 무조건 거절하자

우리가 무언가를 걱정하는 데는 다 이유가 있다. 논리적인 이유 없이 '그냥 느낌이 좋지 않다' 정도의 생각이 든다 해도 이를 놓쳐선 안 된다. 우리 뇌 안에는 사람 혹은 상황이 믿을 만한지 아닌지를 본능적으로 판단하고 위험을 감지하는 일종의 자동 시스템이 존재한다. 우리의 감각이 인상을 살피고 현장 분위기를 파악한 후 경고 신호를 울리는 것이다. 무언가 문제가 있는 것 같다는 생각이 머릿속을 떠나지 않는다면 늦었더라도 거절하거나 일을 중단시켜야 한다. 그다음에 충분히 조사해보고 다시 상황을 발전시켜도 늦지 않다.

사람은 믿을 만하더라도 상황이 너무 불안정하다면 역시 거절해야 한다. 세상에는 작정하고 남을 이용해서 부당하게 이익을 취하려는 사람들이 있다. 하지만 처음에는 그런 의도가 아니었는데 어쩌다 상황이 불리하게 돌아가다 보니 어쩔 수 없이 남을 이용하게 되는 사람들도 있다. 시간이 없고, 돈이 없고, 상황이 나빠지면 인간은 누구나 자기 살 길부터 찾게 마련이라 그렇다. 그러니 돌아가는 판이 좋지 않다는 낌새가 들면 아무리 상대를 신뢰한다고 해도 우선 거절하고 보는 것이 지혜롭다.

'그래도 나하고 한 약속이 있는데, 나쁜 짓이야 하겠어?'

이런 생각은 금물이다. 약속을 한 건 과거고 중요한 건 현재다. 상황이 완전히 종료된 시점이 아니라면 약속을 철석같이 믿을 게 아니라 중간중간 확인할 필요가 있다. 그러다 걱정이 될 만한 요소가 하나라도 보이면 발을 빼야 한다.

김 대리의 경우 돈을 빌려달라는 친구 자체도 그다지 믿을 만하지 않고(이미 빌려 가서 갚지 않은 돈이 많다고 했다), 친구의 상황도 그렇게 좋아 보이지 않는다. 이렇게 걱정이 앞서는 상황에서는 무조건 거절하는 것이 맞다. 그럼에도 돈을 빌려준다면 지금 했던 걱정이 더욱 증폭될 것이다.

문제는 어떻게 거절하느냐다. 김 대리처럼 흔히 말하는 '착해 빠진' 사람들이 "안 돼"라는 첫마디를 떼기란 그야말로 쉬운 일이 아니다. 무엇부터 시작해야 할까?

우아하고 기분 좋게 거절하는 법

남의 부탁을 거절할 때는 우선 노력하는 척이라도 하긴 해야 한다. 힘들게 부탁했는데 일언지하에 거절당할 경우 부탁한 이는 상대에게 무시당했다는 생각이 들어 굴욕감에 시달릴 수도 있다. 그렇기 때문에 누군가가 나에게 부탁을 하면 이미 거절하는 게 좋겠다는 생각이 굳어졌더라도 먼저 자세한 사정을 들어주어야 한다. 그리고 상대가 얼마나 다급한지에 대해서 공감도 해주어야 한다.

가장 중요한 것은 얘기를 듣고서 머뭇거리기보다 "잘 알겠어. 우선은 좀 알아보고 다시 연락해줄게"라고 말하는 것이다. 대체로 이렇게 얘기하면 정말 급한 경우가 아닌 이상 상대는 기다리겠다고 한다. 간혹 "언제 연락해줄 건데?"라고 확인하는 사람도 있다. 그럴 때는 임의로 기간을 설정할 것이 아니라 "언제까지 연락해주면 되는데?" 하고 되물어라. 상대가 "내일까지" "사흘 안에" "일주일 안에" 등 각자 상황에 맞는 답변을 하면 알겠다고 하고, "내가 해줄 수 있으면 그때까지 연락할게. 그런데 연락이 없으면 그때는 다른 사람한테 알아보는 게 좋을 거 같아"라고 하며 여지를 남겨라.

때로는 계속 연락해서 나를 괴롭게 하는 사람도 있다. 부탁을 들어주기가 힘들 것 같다고 해도 왜 그러느냐고 집요하게 묻는 상대도 있다. 이럴 때는 구체적으로 답하기보다 얼버무리는 것이 낫다. 구체적으로 대답하면 내가 한 말에서 허점을 찾아내어 계속 부탁을 들어달라고 밀어붙이는 이들이 있기 때문이다. 급히 돈을 빌려달라는 친구에게 "나도 이번 달 카드값이 모자라서 그거 막느라고 힘들다"라고 말하면 "다른 카드 하나 만들면 되잖아"라든가 "소액 대출은 안 돼?" "형한테 잠깐만 빌려달라고 하면?"이라며 친절하게 다른 대안까지 제시하는 답변이 날아올 수도 있다. 그러니 차라리 "내가 지금 회의 중이라서, 좀 이따 연락할게"라든가 "어, 급한 전화가 걸려온다. 잠시만"이라며 상황을 피해버리자.

정말 상대가 집요해서 굳이 이유를 설명해야 하는 상황이 닥친다면 사정을 말해주되 상대가 못 미더워서라든지, 그냥 내가 싫어서 그런다든지 하는 정직한 이유 말고 적절한 핑계를 대는 게 낫다.

얼마 전 지인이 나에게 "혼담을 어떻게 거절해야 할까요?"라고 물어온 적이 있다. 알고는 있지만 최근 전혀 연락을 주고받은 적 없는 친구가 갑자기 전화를 걸어와 "네 딸, 아직 결혼 안 했지? 우리 아들이랑 만나게 해주고 싶은데"라고 했다는 것이다. 나의 지인은 그런 제안을 한 친구와 평소 친하지도 않을뿐더러 사돈 맺을 생각은 눈곱만큼도 없다고 했다. 하지만 동창회에서든 어디에서든 그 친구와 평생 만나지 않을 수는 없는 사이라서 꽤

1단계: 나란 사람 이해하기

히 말 한마디 잘못했다가 어색한 관계가 되는 것은 바라지 않는 다고 했다.

어떻게 거절을 해야 하나 밤낮으로 고민이라는 그분에게 나는 "간단해요. 딸을 핑계로 대시면 되잖아요"라고 말했다. 딸이 지금 너무 바쁘게 일하는 시기라서 다른 일에 전혀 신경을 쓰지 못한다고 말이다. 대신 나중에 딸이 좀 여유로워질 때 연락해주 겠다고 하면 서로 민망할 일 없이 상황을 마무리 지을 수 있는 노릇이었다.

누가 돈을 빌려달라고 할 때도 마찬가지다. 결혼한 사람이라면 남편은 아내의 허락을 받아야 한다고 하고, 아내는 남편의 허락을 받아야 한다고 하면 된다. 결혼 전이라면 자신의 모든 돈과 카드는 부모님이 관리하신다고 하면 그만이다. 무조건 야근을 하라는 상사에게는 부모님이나 아이들 핑계를 대는 것이 가장 효과적이다. 이외에도 그럴 듯한 거절 이유는 생각해보면 충분히 많다. 거짓말 아니냐고? 맞다. 하지만 그냥 거짓말이 아니라 나를 살리는 '하얀 거짓말'이다.

도저히 입이 떨어지지 않아서 이런 말조차 못 하겠다고 하는 사람들에게는 시간을 끌라고 조언해주고 싶다. 반복적으로 곤란한 부탁을 하는 이들은 나한테만 그런 부탁을 하는 것이 아니다. 이런 이들은 이 사람, 저 사람에게 다 연락한다. 이들에게 알아보겠다고 하고 시간을 끌다 보면 다른 사람이 그의 부탁을 들어줄 확률이 높다. 그게 아니더라도 언제까지 무엇이 필요하다고 하는 경우 시간을 끌다 보면 부탁한 목적 자체가 해결되면서 자연스럽게 부탁을 들어주지 않아도 되는 상황이 만들어진다. 나는 도울 수 없지만, 나보다 그 부탁을 들어줄 수 있을 만한 더 좋은 사람을 소개해주거나 상대의 문제를 해결할 수 있는 제3의 방법을 제시해주는 것도 괜찮다. 한편 이 사람, 저 사람에게 이런저런 부탁을 계속해서 하는 이들은 대개 산만하다. 그래서 시간이 지나고 쓸모가 줄어들게 되면 부탁을 했다는 사실 자체를 잊어버리는 경우도 다반사다.

중요한 것은 내가 그 부탁을 들어주는 게 나 자신에게 부정적인 영향을 끼치느냐 아니냐다. 만에 하나라도 내가 부탁을 들어줌으로써 손해를 볼 것 같고 그 손해를 감당하는 게 너무나 억울할 것 같다면 반드시 그 부탁을 거절해야 한다. 이때 아무리 상대의 마음을 상하지 않게 하려고 앞의 방법을 써서 조심스레 거절한다 해도 내 마음이 편하지 않을 것 같다면?

이렇게 생각해보자. 누군가 우리에게 부탁하는 것은 문제가 있어서다. 그런데 상대가 나에게 도움을 구하며 그 문제를 얘기할 때 위로해주고 공감해준 것 역시 상대에게는 감정적으로 큰 도움이 됐을 것이다. 상대가 자신의 고충을 털어놓으면서 마음을 진정시키고 나의 진심 어린 위로를 받으며 희망을 얻었다면 그것만으로 당신은 친구에게 꽤 근사한 일을 해준 것이다. 거절 그 자체보다 더 중요한 것은 어떻게 거절하느냐다. 만약 진심을 다해 상대를 대한다면 거절하는 과정에서 상대가 생각하는 방향을 올바른 쪽으로 돌릴 수도 있다. 이 점을 잊지 마라.

걱정도 습관이다

나란 사람 이해하기
실천 Tip 1

자신이 거절을 잘하지 못하는 사람임을 인지할 것

누군가의 부탁을 들어줄 때마다 문제가 생기거나 우울해진다면 당신은 '거절 못하는 병'에 걸린 사람이다. 이 사실을 인지한 후부터는 아무리 믿을 만한 사람, 의심스러울 게 전혀 없는 상황이라도 곧바로 부탁을 들어주는 데 신중해질 필요가 있다. 우선 좀 알아보고 혹은 생각해보고 다시 말해주겠다고 하면서 한 발 빼자.

얼버무리거나 핑계를 댈 것

구구절절 진심을 얘기하면 상대가 이해해줄 것이라고 착각하지 마라. 확답을 최대한 피하고, 그래도 안 될 때는 주변 사람들로 핑계를 대며 완곡하게 거절하자.

상대에게 미안해하지 말 것

상대의 사정을 들어준 것만으로도 당신은 상대를 위해 많은 희생을 한 것이다. 당신은 얘기를 들어주기 위해 시간을 냈고 감정을 소비했으며 부탁을 들어주어야만 하는지 많은 고민을 했다. 남의 부탁을 일언지하에 거절하는 사람들이 얼마나 많은 세상인가. 이미 당신은 할 일을 충분히 했다. 괜찮다.

사소한 일에도
겁먹고 고민하는 사람

'민수 씨가 다른 여자를 만나는 거 같아. 그럼 난 어떡하지? 난 민수 씨 없으면 안 돼. 그냥 내가 조금 더 참으면 되는데. 내가 눈치챈 걸 민수 씨가 알게 되면? 나한테 헤어지자고 하고 다른 여자에게 가면? 아, 또 버림받을 순 없어. 이제 날 사랑해주는 남자도 없을 텐데.'

은영은 어릴 때 부모가 이혼해 할머니 밑에서 자랐다. 할머니는 항상 엄마에 대해 안 좋은 얘기를 하면서 "조금만 말을 안 들으면 너를 버릴 것"이라고 그녀를 윽박질렀다. 그녀는 버림받으면 끝이라는 생각에 늘 고분고분 사람들 눈치를 보기 시작했다. 중고생 시절엔 단짝 한두 명하고만 친하게 지냈다. 그러다 그 친구들이 조금만 자신과 멀어질 것 같으면 괴로워 죽고 싶단 생각을

걱정도 습관이다

자주 했다. 대학에 와서는 남자친구를 사귀다 헤어질 때마다 극단적으로 자살을 생각했다. 그래서 은영은 남자친구가 자신을 무시해도 참고, 다른 여자를 만나는 것 같아도 일부러 모른 척하기 시작했다.

"은영아, 우리 그만 만나자."

"왜 그래, 오빠. 그런 말 하지 마. 무조건 내가 잘못했어. 내가 앞으로 잘할게."

드디어 올 것이 왔다. 민수의 이별 통보에 은영은 소스라치게 놀라며 필사적으로 매달렸다. 하지만 이런 행동은 오히려 역효과만 불러왔다.

"너의 이런 태도가 너무 불편해. 정말 싫어. 넌 나 말고 머릿속에 다른 생각은 없니? 왜 이렇게 들러붙어?"

민수는 지겹다는 듯이 쏘아붙이곤 은영을 떠났다.

아이디어로 머리가 가득 찬 사람들은 생각이 많아서 굳이 골치 아프다는 생각을 하지 않는다. 하지만 '이렇게 되면 어떻게 하지?'라는 물음이 꼬리에 꼬리를 물며 자꾸 벌어지지도 않은 일에 대해 부정적인 가정을 하게 되는 사람들은 "왜 나는 이렇게 쓸데없는 고민을 많이 할까? 머릿속을 깨끗이 헹구고 싶다"라고 푸념하며 몹시 괴로워한다. 지나간 일을 곱씹는 사람들도 사정은 마찬가지다. 이들은 '그때 내가 왜 이런 말로 쏘아붙이지 못했을까'

1단계: 나란 사람 이해하기

를 고민하며, 몇 번이고 억울했던 상황을 되새김질한다. 그러다 생각이 줄줄이 이어지면 결국에는 '난 왜 이 모양일까. 지금 와서 어쩔 수 있는 것도 아닌데'라는 생각까지 하며 자기 비하에 빠지고 만다.

머릿속에 생각이 꽉 차 있는 사람들, 고민으로 밤잠 이루지 못하는 사람들, 이들은 한마디로 '겁쟁이'다.

겁이 많은 사람은 "당신이 하는 고민의 90%는 결코 실제로 일어나지 않을 것"이란 말을 듣고도 남은 10%의 불길한 상상이 이루어질까 봐 걱정한다. 정작 누군가에게 하고 싶은 말이 있어도 상대가 무서워서 혹은 관계가 급속하게 냉각될까 두려워 말을 가슴에 담고 끙끙 앓는다.

앞선 에피소드에 등장하는 은영은 이 두 가지 경우에 모두 해당되는 '중증 겁쟁이'다. 그녀는 닥치지도 않은 미래에 불안감을 느끼며 남자친구가 자신을 떠날까 봐 전전긍긍한다. 문제는 그녀의 우려가 현실이 됐다는 것이다. 머릿속에서만 맴돌다 실현되지 않고 사라지곤 했던 부정적인 상상이 마침내 현실로 나타나자 그녀는 엄청난 두려움에 떨게 된다. 은영의 경우 이 두려움이 곧 극단적인 의존 성향과 만나 집착을 버리지 못하는 끔찍한 여자로 비치게 됐다. 그야말로 최악의 사례다.

두려움을 숨기면 걱정은 눈덩이가 된다

겁이 무척 많은 사람이 아니더라도 누구나 한 번쯤 이와 비슷한 경험을 해본 적이 있을 것이다. 심지어 평소 용감하고 대범한 성격을 가진 사람도 그럴 수 있다. 누구나 자신의 나약함을 인정하고 정면에서 바라보기를 어려워하기 때문이다.

월남전에서 한쪽 눈을 잃고 재개발 사업을 하며 거칠게 살아온 사람이 있었다. 그는 줄곧 자신을 괴롭히던 남자를 너무 죽이고 싶어서 실제로 죽이는 상상도 많이 했다고 한다. 그런데 그 남자가 갑작스러운 사고로 죽고 말았다. 물론 자신이 남자를 죽인 것은 아니었지만 그는 '혹시 내가 원해서 그 남자가 죽은 건 아닐까' 하는 생각을 자꾸 하게 됐다.

그러던 어느 날 이유 없이 가슴이 두근거리고 숨이 막혔다. 공황발작이었다. 병원에서 진단을 받은 그는 발작이 계속 일어나면 어떡하나 걱정이 된 나머지 입원하기로 했다. 그러나 걱정은 끝나지 않았다. 그는 자신에게 공황장애가 있다는 걸 사람들이 알게 되면 뒤에서 수군거릴 것만 같았다. 부하 직원들도 자신을 따르지 않을 것 같았다. 결국 사람들이 자신의 병을 눈치챌까봐 불안했던 그는 주변에 심장이 안 좋아서 입원한다고 거짓말을 했다.

그는 남자 중의 남자인 자신이 고작 정신적인 문제 따위로 고생 중이라는 사실을 인정하지 못했다. 아니, 인정할 수 없었다. 게다가 타인의 반응이 어떨지를 혼자 걱정하며 지레짐작하다 보니 더럭 겁도 났을 것이다. 자신의 병 때문에 사람들이 자신을 깔보고 무시하면 어쩌나 고민에 휩싸이면서 점점 더 작아지는 자신을 느꼈을 것이다. 결국 나도 모르게 방어적인 반응이 계속 나타난 것이다.

살다 보면 겁이 날 때가 있다. 그런데 내가 겁이 나고 두렵다는 것을 숨기다 보면 자꾸 마음이 괴로워지고 누가 내 상태를 알아챌까 두려워지며 머릿속이 혼란스러워진다. 이는 곧 타인에 대한 태도로도 드러나 그런 나를 다른 사람들이 불편해하는 지경에 이르게 된다. 문제는 사람들의 그런 기색을 눈치채면 자꾸 안 좋은 쪽으로 생각이 커진다는 것이다. 그야말로 끝나지 않는 악순환의 시작인 셈이다.

필요한 것은 나를 구하는 작은 용기

두려움을 부끄러워하지 말자. 위인전, 영화, 소설에서는 용기가 모든 문제를 해결해주는 것처럼 나온다. 그래서 두려움은 나쁘고 용기는 좋다고들 생각한다.

하지만 두려움은 인간을 겸손하게 하고 공격성을 자제시켜 문제를 해결하는 쪽으로 움직이게 만든다. 반면 용기는 인간을 들뜨게 하고 공격성을 야기해 파국으로 이끄는 경우가 많다. 인간이 서로 싸우지 않고 평화롭게 지낼 수 있는 이유의 상당 부분은 두려움 때문이다. 겁이 많다는 것, 무언가를 두려워한다는 것은 결코 부끄러운 일이 아니라는 얘기다.

언젠가 대기업에서 회장 비서로 일하던 분을 만난 적이 있었다. 나는 그분에게 TV에서나 보던 소위 '재벌 회장'은 대체 어떤 사람인지 궁금하다고 했다. 그러자 그분은 빙긋 웃으며 "굉장히 꼼꼼한 사람입니다"라고 말했다. 회장이면 큰일들만 챙길 것이라고 생각했는데, 무척 세부적인 사항들까지 하나하나 신경 쓴다는 것이었다.

"크건 작건, 투자를 할 때는 불안해서 어쩔 줄 모르시죠. 겉으로 봤을 때는 카리스마 넘치고 대범한 것 같아 보여도 일을 할 때는 안달복달하면서 걱정이 너무 많아요."

나는 좀 놀랐지만, 이내 '아, 이분은 특수한 케이스군'이라고 생각했다. 그런데 이후 다른 사람들에게도 비슷한 얘기를 여러 번 듣게 됐다. 성공한 경영자들을 가까이에서 보아온 사람들은 대부분 그들이 치사할 정도로 꼼꼼하고 치밀하다며 혀를 내둘렀다. 오히려 통이 크고 대담한 사람들은 보통 생각 없이 돈을 펑펑 쓰기 때문에 순식간에 회사를 말아먹는 일이 흔하다고 했다. 결국 회사를 지속적으로 성장시키고 돈도 많이 버는 이들은 겁이

1단계: 나란 사람 이해하기

많고 피곤할 정도로 생각이 많은 타입이었던 것이다.

적당히 겁이 많은 이들은 자기 자신이 성공 DNA를 타고난 것이라고 생각해도 될 것 같다. 다만 그 DNA를 어떤 식으로 발현시키느냐에 따라 한 분야에서 성공을 이룬 사람이 될 수도, 지독한 생각의 노예로 살 수도 있을 것이다.

흔히 용기 있는 사람으로 불리는 이들을 부러워하지 말자. 오히려 어떤 면에서는 겁 많은 당신의 성격이 훨씬 낫다. 다만 스스로가 만들어낸 두려움에 갇혀 질식할 정도의 고통을 느끼는 사람이라면 조금만 용기를 내볼 필요가 있다. 이때의 용기는 스스로를 괴로움에서 구하는, 그야말로 '약藥'과 같은 진정한 용기다.

아무리 자신이 부모라도 어떻게 해야 할지 모를 때는 자식에게 사실대로 말하고 의견을 구해야 한다. 사장도 힘들면 직원에게 말해야 한다. 선생도 모르는 것이 있으면 모른다고 학생에게 말해야 한다. 그렇게 말한다고 해서 상대가 나를 업신여길까? 천만의 말씀이다. 오히려 솔직하게 사정을 털어놓은 나를 상대는 진짜 용기 있는 사람이라고 여길 것이다.

걱정도 습관이다

나란 사람 이해하기

실천 Tip 2

～～～～～～～～～～～～～～

작은 용기부터 시작할 것

자기 자신이 겁 많고 소심한 사람이라는 점을 인정하자. 그리고 이런 얘기를 가장 가까운 사람들에게 해나가라. 이런 점들 때문에 너무 괴로워서 조금씩 변화하려 한다고. 그러니 이제부터 격려해줬으면 좋겠다고. 상대는 당신이 이런 말을 하는 것만으로도 당신이 크게 달라졌다고 느낄 것이다.

자신을 다르게 바라볼 것

두려움이 느껴지고 그로 인해 머릿속이 복잡해질 때마다 크게 한숨을 내쉰 후 되뇌어본다. "이렇게 생각 많고 걱정 많은 사람들이 결국엔 성공한다."

약점을 강점으로 만들 것

소심한 성격을 그야말로 축복이라 여기자. 그리고 이러한 내 특성을 성공 DNA로 만들기 위한 계획을 세워보자. 현재 하고 있는 일 혹은 앞으로 이루고 싶은 꿈이 있다면 어떤 단계를 밟아 그 자리까지 갈 수 있을지 치밀하고 구체적인 방법을 고민해보라. 이것이 시작이 되어 당신의 미래가 송두리째 바뀔지도 모른다.

콤플렉스 때문에
종종 예민해지는 사람

"어머, 너 또 코 수술했어?"

모자를 푹 눌러쓰고 온 영남에게 친구가 소리를 질렀다.

"넌 수술 안 했던 얼굴이 훨씬 예뻤다고 몇 번을 말했어! 너 진짜 어디 가서 심리상담이라도 받아봐야 하는 거 아냐?"

안타깝다는 듯 영남을 바라보는 친구를 향해 영남이 작은 목소리로 말했다.

"아니, 내 코가 너무 커서 남자처럼 보이잖아. 이름까지 완전히 남자 이름인데……"

"세상에, 내 주변에 너보다 여성스러운 애 없거든?"

어렸을 때부터 영남을 지켜보아온 친구는 기가 막혔다. 사실 영남이 어릴 때는 좀 남자아이 같은 면이 있긴 했다. 영남은 집이 가난했던 터라 늘 허름한 오빠 옷을 물려받아 입었고 머리도 늘 짧게 자르고 다녔다. 그러다 보니 주위에서 남자아이 아니냐는 오해를 받을 때가 많았다.

그러나 사춘기에 들어선 후부터는 얼굴도 체격도 조금씩 여성스럽게 변해갔다. 예쁘다는 말도 곧잘 들었다. 그래도 영남은 여전히 남자아이라고 놀림당하던 일곱 살짜리 더벅머리 소녀처럼 자신을 부끄러워했다. 여성스러워지고 싶다며 얼굴에 손을 대기 시작하더니 벌써 코만 세 번째 성형 수술을 한 것이었다.

결국 친구는 영남을 데리고 심리상담센터를 찾았다. 상담센터에서는 영남에게 마음 상태를 분석하는 검사로 '다면적 인성검사 Minnesota Multiphasic Personality Inventory, MMPI'를 실시했다. 그중 남성형-여성형 Masculinity-Femininity 척도검사에서 영남은 '너무 심할 정도로 여자다워야 한다는 생각에 사로잡혀 있다'는 결과를 받았다.

"외모가 아니라 마음이 더 문제인 겁니다. 그러니까 '난 여성스럽지 않다'는 콤플렉스에 갇혀 계신 거죠."

상담자의 말을 들은 영남은 충격에 휩싸였다.

우리는 자신이 가지고 있는 것을 생각하지 못하고 가지지 못한 것에만 집착하는 경향이 있다. '난 왜 안 되는 걸까?'라는 생각은 곧 자신의 열등한 부분에 대한 고민으로 이어진다. 이는 일종의 지독한 '콤플렉스Complex'다.

콤플렉스는 스스로 움직이는 힘이 있어서 통제가 안 된다. 감정, 기억, 생각이 합쳐져 더욱 강력한 힘을 얻게 되는 콤플렉스는 극복하려 하면 할수록 오히려 우리의 머릿속을 엄격하게 지배한다. 마치 늪과도 같아서 벗어나려고 허우적댈수록 더욱 밑으로 가라앉는 느낌이다.

세상에 콤플렉스 없는 사람은 없다. 하지만 질적으로 더 강하거나 양적으로 더 많은 콤플렉스를 지닌 사람은 따로 있다. 바로 고민으로 가득 찬 사람들이 그 주인공이다.

열등감이 깊으면 근심도 커진다

키가 작아서, 뚱뚱해서, 가방끈이 짧아서, 어릴 때 지지리도 가난해서…….

이렇게 남과 나를 비교하며 자신이 못났다고 괴로워하는 것을 '열등 콤플렉스'라고 한다. 이는 가장 널리 언급되는 콤플렉스인데, 20세기 초 오스트리아의 정신분석가 알프레트 아들러 Alfred Adler에 의해 널리 알려졌다. 아이는 자신이 어른을 올려다보아야 하는, 힘과 능력까지 모자란 왜소한 존재라는 생각에 스스로에게 열등감을 지니게 된다. 아이가 어른이 되어서도 이런 생각, 즉 자신이 왜소하고 쓸모없는 존재라는 생각을 마음 한구석에 심어놓고 두렵고 힘든 상황에 놓일 때마다 누군가와 자신을 비교하면서 열등감에 사로잡히게 되면 그것이 곧 콤플렉스로 작용한다는 것이다.

콤플렉스는 우리의 마음속에 존재하지만 마음의 또 다른 독립적인 영역이기도 하다. 나라로 비유하면 한 연방국가 안에 존재하는 자치국가와도 같다. 상당 부분 자신의 의지로 권리를 행사한다는 것이다.

한번 콤플렉스에 빠지면 인간은 불쾌한 감정에 계속 사로잡히게 된다. 평소에는 마음속 깊숙이 틀어박혀 존재하는지도 잊고 있던 콤플렉스가 특정 상황에 돌입하면 순식간에, 그리고 아주 강력하게 마음을 사로잡는다. 별다르게 나쁜 일도 없고, 여유도 있고, 일도 잘 풀려서 더할 나위 없이 행복한 상태라도 누군가 무심결에 던진 한마디 말이 콤플렉스를 자극하면 몇 날 며칠 괴로워진다. 그 한마디는 용모에 대한 언급일 수도, 부모에 대한 언급일 수도, 학력에 대한 언급일 수도, 잊고 싶던 괴로운 기억을 떠올리게 하는 한마디일 수도 있다.

결국 고민에 사로잡힌 사람들은 콤플렉스를 없애야 자신의 문제가 해결될 것이라는 결론에 이른다. 그래서 학력이 콤플렉스인 사람은 비싼 돈을 주고 필요도 없는 석·박사 학위를 따려고 시간을 허비한다. 간혹 그러다 논문 표절 시비에 휘말리기도 한다. 외모가 콤플렉스인 영남 같은 사람은 성형 수술을 하게 되는

데, 아무리 재수술을 해도 마음에 들지 않는 부분이 계속 눈에 띈다. 그래서 수술을 멈출 수가 없다. 가난했던 어린 시절이 콤플렉스인 사람은 닥치는 대로 돈을 벌어서 콤플렉스를 이기려 한다. 그러나 벌어도 벌어도 공허한 마음은 채워지지 않는다.

그런가 하면 인생 전체가 콤플렉스로 뒤덮인, 그야말로 '콤플렉스 덩어리'인 사람도 있다. 이런 사람이 부모가 되면 자식을 만인 앞에 번듯하게 내놓을 수 있을 만큼 성공시키려고 한다. 그래서 아이에게 죽어라 공부를 시키고, 행여 아이가 공부에 소질을 보이지 않으면 운동, 음악, 미술 등 방향을 전환하기도 한다. 그래도 빛을 보지 못하면 없는 살림에 무리해서라도 조기 유학을 보낸다. 이렇게까지 했는데도 아이가 성공하지 못하면 "기둥뿌리 뽑아서까지 뒷받침을 해줬는데, 뭐 하나 제대로 하는 게 없다"라고 하며 자식을 일방적으로 원망한다. 물론 자식도 이런 부모를 미워한다.

물론 성공한 사람들 중에는 "콤플렉스는 나의 힘"이라고 주장하는 이들도 있다. 하지만 우리 좀 솔직해지자. 과연 그런가? 앞서 말한 것처럼 정도의 차이는 있지만 누구에게나 콤플렉스는 있고, 정신과 의사인 나 역시도 이런저런 콤플렉스에 시달려왔다. 그런데 내 경험에 따르면 콤플렉스가 성공의 원동력은 결코 아닌 것 같다.

콤플렉스는 어찌 됐건 고통이다. 자신이 콤플렉스 덕분에 성공했다고 말하는 이가 있을지도 모르겠지만, 나는 그가 만약 콤플렉스가 없었다면 더욱 빨리 성공했을 수도 있다고 생각한다.

끈질긴 콤플렉스와 결별하기 위하여

콤플렉스는 마치 떼어낼수록 덧나서 더 커지는 딱지 같다. 콤플렉스를 의식하고 행동할수록 나에 대한 콤플렉스의 지배력은 커지게 마련이다. 따라서 콤플렉스를 해결하기 위해서는 마음의 불안정함 자체를 교정해야 한다. 눈에 보이는 약점에 집착하는 것은 결코 궁극적인 해결책이 아니다.

콤플렉스를 극복한답시고 나 자신과 싸우는 일은 이제 그만하자. 가장 중요한 것은 바로 현재다. 콤플렉스를 극복하기 위해 노력하는 대신 현재를 행복하게 느끼고 받아들일 수 있어야 한다. 다시 말해 콤플렉스를 잊어버릴 수 있는 순간이 현재에 많아져야 한다. 그런 시간이 조금씩 늘어나다 보면 어느덧 콤플렉스 자체에 대한 민감도가 떨어진다.

콤플렉스를 완전히 잊어버릴 만큼 즐거운 일이나 취미를 찾아라. 그리고 '저 사람은 콤플렉스가 없나?'라는 생각이 들 만큼 자존감이 강하고 유쾌한 사람들을 만나자. 흔한 얘기지만 어차피 인생은 누구에게나 단 한 번뿐이다. 내가 잘하는 것, 좋아하는 것을 하면서 즐겁게 살기에도 시간이 빠듯하다.

　대부분의 사람은 콤플렉스로 인해 극심한 스트레스를 받다가도 이렇게 자신이 잘하는 일을 하거나 좋아하는 사람을 만나면 금세 회복된다. 문제는 콤플렉스로 인한 스트레스가 너무 강한 나머지 사람이 멍해지는 경우다. 반복적으로 스트레스를 받다 보면 멍한 부분이 일종의 작용으로 남아 분명히 감정을 느끼면서도 그것을 마치 남의 일인 것처럼 생각한다.

　심리학에서는 이를 '격리 현상'이라고 한다. 이는 감전당하지 않으려고 전기가 통하지 않는 고무장갑을 끼는 것처럼 충격적인 감정으로부터 자신을 보호하기 위해 자기도 모르게 스스로를 격리시키는 심리적 조처다. 쉽게 말해 콤플렉스로 인해 지속적으로 괴로운 일을 당하다 나중에는 그것이 자기 일이 아닌 것처럼 무덤덤하게 느껴지는 경우를 말한다.

　심리치료를 할 때 내담자가 격리 현상을 보이면 도움을 주기가 쉽지 않다. 심리치료에서 가장 중요한 것 중 하나가 바로 함께 기뻐하고 함께 슬퍼하는 '공감'이다. 그런데 격리 현상을 보이는 내담자는 무척이나 괴로운 상황에 대해 마치 남의 일처럼 얘기한다. "너무 힘드시겠어요. 정말 괴로우시겠네요"라고 공감해주어도 내담자는 "이 정도는 아무것도 아니에요. 이보다 더한 일도 겪었는걸요"라고 하며 무덤덤하게 대답한다. 치료자도 당혹스럽다(하지만 두꺼운 얼음도 시간이 흐르면 녹아내리듯이 내담자의 마

걱정도 습관이다

음도 조금씩 열리게 되어 있다. 그래서 나중에는 그동안 살면서 참아온 눈물을 한꺼번에 흘리기도 하고 꾹꾹 눌러온 분노를 순식간에 폭발시키기도 한다).

이처럼 격리 현상이 지속되면 공감 능력 저하라는 부작용이 발생하기도 한다. 하지만 콤플렉스로 인한 스트레스로 걱정이 멈추질 않고 이러한 걱정이 두려움, 불안, 분노, 슬픔, 좌절, 슬픔, 외로움, 죄책감 등을 계속해서 불러일으킬 경우에는 오히려 감정과 생각을 격리하는 것이 필요하다.

고통스러운 감정을 꽁꽁 걸어잠그다

끝도 없이 이어지는 고통스러운 감정을 어떻게 격리하느냐고? 가장 좋은 방법 중 하나는 드라마나 영화의 한 장면을 떠올리는 것이다. 사람은 누구나 자신의 고통이 세상에서 가장 크다고 느끼는 법이다. 그런데 남이 괴로워하는 모습을 볼 때는 좋게 말하면 객관적으로, 나쁘게 말하면 냉정하게 변한다. 이런 점에서 착안한 방법인데, 자신이 처한 상황과 유사한 영화나 드라마 속 장면을 떠올려보는 것이다. 비슷한 장면이 떠오르지 않는다면 그냥 자신의 상황을 영화나 드라마 속 한 장면이라고 상상해보자. 그리고 관객의 입장에서 그 장면을 감상한다. 내담자에게 이 방법을 여러 번 추천하곤 했는데, 의외로 잡다한 생각이 멈추면서 아주 객관적으로 자신의 상황을 분석하게 됐다고 하는 사람들이 많았다.

그다음으로 내가 권하는 방법은 '상상의 방' 속에 걱정을 몰아넣고 잠그는 연습을 하라는 것이다. 상상의 방은 '생각의 방'이라는 개념에서 착안했는데, 원래 생각의 방이라는 개념은 기억을 잘하기 위해 만들어졌다. 무언가 많은 것을 기억해야 할 때는 많은 방으로 이루어진 기억 공간을 상상으로 만들어내면 좋다. 각각의 방에는 각기 다른 특성을 부여한다. 그리고 그 방에 특정한 대상이 존재한다고 가정하면 기억이 더 잘 난다.

걱정은 생각이 지나친 경우이므로 이와 반대로 잊어버려야만 한다. 그렇기 때문에 잊고 싶은 생각을 제일 구석진 방의 붙박이장에 넣고 잠그거나 아주 깊고 깊은 지하실, 그 안에서도 가장 깊숙한 곳에 꽁꽁 숨겨놓는다고 상상하는 것이다. 땅을 깊숙이 파낸 다음 완전히 묻어버리는 상상도 도움이 된다.

상상만으로 잘 되지 않을 때는 그림을 그리는 것도 괜찮다. 집을 그리고, 그 안에 다락방이나 지하실을 그린 후 나의 콤플렉스와 그로 인해 발생하는 수많은 고민들을 넣고 잠그는 것까지 그리고 나면 마음이 조금은 편해질 것이다.

콤플렉스를 완전히 극복할 수는 없다. 하지만 걱정이 끊이질 않고 누군가에게 종종 상처를 받는 이유가 콤플렉스 때문이라는

걱정도 습관이다

사실을 알게 되는 것만으로도 어느 정도 마음이 누그러지는 게 사실이다. 또한 콤플렉스에 계속 집착하기보다는 잊으려고 하는 편이 나에게 훨씬 더 도움이 된다. 이 점을 기억하자.

나란 사람 이해하기
실천 Tip 3

강점에 집중할 것

특정한 상황에서 자신의 콤플렉스가 많이 떠올라 괴롭다면 최대한 그런 상황을 줄이려고 노력해보자. 되도록 자신의 콤플렉스를 잊어버릴 만큼 본인이 잘하거나 좋아하는 것을 찾아 그것에 집중하는 편이 낫다.

드라마나 영화의 한 장면을 떠올릴 것

드라마나 영화에서 봤던 자신의 현재 상황과 비슷한 장면을 떠올려보라. 그리고 그때 느꼈던 감정을 되살려본다. 자기 자신의 모습을 비교적 객관적으로 볼 수 있을 것이다.

상상의 방 속에 콤플렉스를 집어넣고 잠가버릴 것

머릿속으로 골방을 하나 만든 다음 거기에 자신의 콤플렉스와 그로 인해 떠오르는 수많은 생각들을 모두 집어넣고 잠그는 상상을 해보자. 상상만으로 힘들다면 직접 그림을 그려가며 이 과정을 재현해보라.

특별한 이유 없이
종종 불안한 사람

"제 배 속에 혹이 있는 거 같아요. 수술 좀 해주세요."

어느 환자가 절박한 얼굴로 외과를 찾아왔다. 그는 MRI, 초음파, CT검사 등을 모두 해보아도 아무런 흔적이 보이질 않는데, 자꾸만 자기 배 속에 무언가가 있다며 대학 병원마다 찾아가 수술을 해달라고 해대는 사람이었다. 의사들 사이에서는 이미 대단한 유명인사였다.

"알겠습니다. 환자 분께서 수술받는 게 그리 소원이라 하시니, 어디 한번 해보죠."

환자의 요구에 시달리던 의사 중에 마침내 그에게 수술을 해주겠다는 사람이 나타났다. 그 의사는 차라리 수술을 해서 배 속에 아무것도 없다는 걸 확인시켜주면 이 환자의 문제가 사라지지

1단계: 나란 사람 이해하기

않을까 생각했던 것이다. 환자는 한 번만 수술을 받으면 다시는 수술받겠다는 소리를 하지 않겠다고 의사와 철석같이 약속하곤 마침내 수술에 들어갔다.

"이거 보세요. 깨끗한 거 보이시죠? 선생님 배 속엔 아무것도 없습니다. 그러니까 이제 걱정하지 마세요."

수술을 마친 의사가 싱긋 웃으며 그에게 건강에 아무런 문제가 없다는 점을 다시 한번 강조했다.

"정말요? 그럴 리가요. 아무리 생각해도 이상해요. 죄송한데, 한 번만 더 수술해주시면 안 될까요? 분명히 무언가가 있어요. 확실하게 느껴져요."

"아니라니까요, 글쎄. 정말 아무것도 없었어요. 저보다 건강하신 분이 왜 이러실까."

의사는 기가 차다는 듯이 그를 바라보며 단호하게 "수술은 이제 안 됩니다"라고 못을 박았다. 그렇게 몇 번의 실랑이 끝에 환자가 언성을 높이며 말했다.

"당신들, 수술하다가 내 배 속에 장갑이든 수술 도구든 남겨놓은 거 아냐? 내가 다른 데서 수술해볼 거야. 내 몸에 이상 있으면 알아서 해!"

건강염려증에 걸리면 남들은 무시하는 사소한 몸의 증상에 대해 지나치게 걱정을 하게 된다. 배가 조금만 아프면 대장암이 아닐

걱정도 습관이다

까 고민이 되어 대장 내시경을 받는다. 속이 조금이라도 쓰리면 위암이 아닐까 걱정이 되어 위 내시경을 받는다. 도저히 의학적으로는 설명할 수 없는 통증과 다양한 증상을 호소하는 경우도 있다.

누구나 생각도 하고 고민도 한다. 그런데 문제는 그것이 적정선에서 멈춰지느냐 아니냐다. 평소에는 잘 멈추던 걱정도 감정이 더해지면 멈춰지지가 않는다. 분노, 슬픔, 외로움, 당황, 굴욕감, 두려움 같은 감정은 그렇지 않아도 커져버린 걱정을 더욱 격렬하게 만든다. 감정에 사로잡히게 되면 전체 상황 중에서 특정 말이나 특정 사건만 보고 그릇된 해석을 하게 된다. 건강염려증은 이런 태도가 좀 더 심해졌을 때 나타나는 증세다.

이런 성격을 가진 주부는 남편이 밖에서 일하다가 귀가해서 손을 씻지 않거나 아무 데나 양말을 벗어놓으면 집안에 균이 돌아다닐까 봐 걱정을 한다. 그래서 "손을 씻어라" "양말을 빨리 세탁기에 넣어라" 하며 남편에게 잔소리를 해댄다(물론 본인은 잔소리라고 여기지 않는다). 자녀도 예외는 아니다. 특히 봄, 가을에는 황사가 기승이라며 아무리 답답하다고 해도 마스크를 씌우는 등 아이를 완전히 중무장시킨다. 즐거워야 할 가족 나들이가 하나도 즐겁지 않다.

걱정을 하는 본인은 가족을 생각해서 그러는 것이라지만, 당하는 입장에서는 고맙지 않다. 남편의 걱정이 부인에게는, 부인의 걱정이 남편에게는, 부모의 걱정이 자녀에게는 전혀 와닿지 않기 때문이다.

"자꾸 최악의 상황을 상상하게 돼요"

걱정을 부채질하는 감정 중 으뜸은 불안이다. 원래 불안은 인간이 위기 상황에 대처하는 과정에서 일어나는 필수불가결한 감정이다. 초식 동물은 맹수의 공격을 받고 달아나다 한눈을 팔면 속력이 떨어져 잡힐 수도 있다는 불안감에 시달린다. 이렇게 불안을 느낄 때면 우리는 딱 한 가지에 집중하게 된다. 모든 생각이 한군데로 쏠리게 되는 것이다.

뇌에서 다양한 생각을 담당하는 부위는 대뇌피질이고 감정과 관계된 부위는 그 밑의 변연계다. 그런데 사람이 불안해지면 변연계의 기능이 대뇌피질의 기능을 압도해버린다. 그러다 보니 고민을 불러일으키는 안 좋은 생각을 뒷받침하는 증거만 눈에 띌 뿐 합리적인 생각을 하질 못한다.

어떤 일이 생겼을 때 자기도 모르게 특정한 양상으로 생각하게 되는 것을 우리는 '사고방식'이라고 부른다. 예를 들어 무슨 일이 생기면 무조건 그 책임을 남 탓으로 돌린다거나 개인 실수로 일어난 문제를 전체 문제로 확대해서 해석한다거나 하는 것

걱정도 습관이다

모두가 이 사고방식에 의해 발생하는 행동 패턴이다.

그런데 걱정 많은 사람들에게서 공통적으로 볼 수 있는 사고 방식이 있다. 바로 항상 최악의 상황을 상상하고 걱정하는 것이다. 이를 두고 '재앙화'라고 표현한다.

우리나라의 경우 아이에 대한 엄마의 사고방식에서 이런 재앙화가 많이 발견된다. 남들은 눈치 못 챌 만큼 아이가 미세하게 움직인 것을 가지고 엄마는 틱장애(의지와 무관하게 몸의 일부가 불규칙적으로 빠르게 움직이는 증상)가 아닌가 걱정한다. 생각은 꼬리에 꼬리를 물어 '나중에 아이가 학교에 가면 친구들에게 놀림받진 않을까? 그러다 따돌림을 당하는 건 아닐까'까지 이어진다. 그런가 하면 친구들과 잘 놀지 못하는 서너 살 아이를 보며 '혹시 우리 아이가 사회성이 떨어지는 건 아닐까' 하고 고민하기도 한다. 억지로 다른 아이들과 어울리라고 다그치기도 하지만, 마음대로 안 되는 아이 때문에 답답해진다. 나중에 학교에 가서도 혼자서 다니면 어쩌나 불안해진다. 그러다 성인이 되면 대인관계가 나빠 피해를 볼까 두렵다. 정말 이런 걱정은 끊이질 않는다.

재앙화는 일종의 자동적 사고다. 조금만 안 좋은 일이 생겨도 재앙화로 이어지면 두려움에 빠지게 된다. 두려움에 빠지면 더욱 더 좋지 않은 상황을 상상하게 되는 악순환이 이어진다. 이럴 때는 혼자서 꼬리에 꼬리를 무는 나쁜 상상에 사로잡히기보다 누군가와 함께 대화를 나누며 이성적으로 생각하기 위해 노력해야 한다. 물론 그 상대는 본인보다 훨씬 분별력이 있어서 상황을 객관적으로 얘기해줄 수 있는 사람이어야 할 것이다.

그렇다고 너무 이성적이기만 한 사람은 자칫 분석적인 얘기만 해대며 나의 마음에 생채기를 낼 수도 있다. 따뜻한 위로를 건네주되 정확한 지적도 함께 해줄 만한 상대를 골라 대화를 나누어보라.

상황의 이유를 찾아보는 귀인 이론

무슨 일이 생겼을 때 사람들은 그런 일이 벌어진 이유부터 고민하게 된다. 가장 큰 걱정거리 중 하나로 거론되는 취업 문제를 따져보자. 서류 심사에서 자꾸 떨어지는 사람은 자신의 스펙을 원망한다. 면접에서 계속 미끄러지는 사람은 성형 수술이라도 해볼까 고민한다. 그러다 보면 고민을 넘어 절망에 이르기도 한다.

이 단계가 되면 모든 것을 제대로 된 직장이 없는 탓으로 돌리게 된다. 여자친구가 없는 것도, 결혼을 못 하는 것도, 이혼을 한 것도, 부모와 사이가 안 좋은 것도, 자동차 사고가 난 것도, 친구들과 사이가 멀어진 것도 다 취직을 못해서라고 말이다.

그런데 냉정하게 말해서 여자친구가 없는 것, 결혼을 못 한 것, 이혼을 한 것은 좋은 직장과 상관없이 자신의 성격 때문일 수

걱정도 습관이다

도 있다. 부모가 반복적으로 잔소리를 해대는 것은 부모의 문제일 수도 있다. 인정하고 싶지 않겠지만 '이것이 모두 ○○ 때문이다'라고 말할 수 있을 만한 일은 세상 어디에도 없다.

성공 혹은 실패 이유를 어디에 두느냐에 따른 심리적 사고의 틀을 '귀인 이론'이라고 한다. 귀인 이론에서는 어떤 일의 성공 혹은 실패에 관여하는 요소가 네 가지라고 가정한다. 능력, 노력, 과제의 난이도, 그리고 운이다.

공부를 잘하는 것, 머리가 비상한 것, 체력이 좋은 것은 '능력'에 속한다. 능력은 '노력'에 의해 조금씩 향상될 수 있다. '과제의 난이도'는 지금 하고자 하는 일이 얼마나 힘들고 괴로운 일이냐를 의미한다. '운'은 말 그대로 운. 그러나 성공과 실패를 가르는 무시할 수 없는 요소라고 할 수 있다.

생각이 많아지고 불길한 기분을 지울 수 없을 때는 귀인 요소가 무엇인지를 차근차근 짚어볼 필요가 있다. 일단 과거에 성공했을 때와 실패했을 때에 각각 네 가지 요소, 즉 능력, 노력, 과제의 난이도, 운이 어느 정도 비중으로 작용했는지 분석해보자. 그다음에는 현재 내가 처한 상황에서 무엇이 모자라고 무엇이 충분한지 역시 따져보아야 한다. 막연히 안 될까 봐 걱정하는 것은 도움이 되지 않는다. 구체적으로 생각해야 한다.

인간은 참 이상하게도 문제의 원인을 한 가지로만 생각하려는 경향이 있다. 그래서 일이 틀어지면 그 책임을 전적으로 남 탓으로 돌리거나 운이 없었다고 자조하거나 자책감에 치를 떨곤한다. 그러나 어떤 일에서건 귀인 요소 네 가지 중 어느 한 가지가 100% 작용하여 결과가 만들어지진 않는다.

머릿속이 복잡한가? 생각이 점점 많아지는가? 자신의 상태가 인식은 됐는데, 이 상황을 객관적이면서 따뜻한 시선으로 보아줄 상대가 없다면 본인 스스로 상황을 분석해보는 수밖에 없다.

불운을 부검하고 걱정을 해부하자

우선 연필을 들고 이것저것 써보는 것이 도움이 된다. 처음에는 머릿속에 떠오르는 생각들을 두서없이, 대신 가급적 자세하게 적어본다. 생각이 꼬리에 꼬리를 물고 이어지면 열 장, 스무 장을 써내려가도 좋다. 같은 내용이 반복되어도 괜찮다.

이렇게 나의 생각을 계속 써내려감으로써 어느 정도 머릿속이 정돈된 것 같으면 그다음에는 요약을 한다. 반복되는 것들을 줄이고 비슷한 것들도 줄인다. 그다음에는 유형별로 정리한다. 그러다 보면 스무 장에 걸쳐 펼쳐졌던 광활한 나의 생각들이 열 장으로, 다시 한 장으로 줄어든다. 이렇게 한 장까지 메모를 줄여야만 구체적이고 확실한 분석이 가능하다.

내 머릿속을 가득 채운 불안감이 과연 실체가 있는 것인지 분

걱정도 습관이다

석하려면 종이 가운데에 선을 긋고 반으로 이등분하라. 왼쪽에는 이 불안감이 실현될 때 벌어질 일들을 적어본다. 그리고 자신이 적은 이 각각의 일들을 해결하려면 어떻게 해야 하는지 오른쪽에 적어본다. 예를 들어 세 살인 아이가 틱장애일 것 같다는 불안감에 떨고 있는 엄마라면 다음과 같이 적을 수 있겠다.

최악의 경우 벌어질 수 있는 일들	그에 대한 대책
아이가 유치원이나 학교에 가면 따돌림을 받을 수 있다.	대안 학교에 보내거나 유학을 보내 편견 없는 환경에서 자랄 수 있게 한다.
자존감과 자신감이 낮은 아이로 자라날 수 있다.	태권도나 검도 등의 운동을 배우게 하여 심신을 단련시킨다.
나중에 성인이 됐을 때 사회생활에 지장이 생길 수도 있다.	일찍부터 치료를 시켜 고치거나 정 안 되면 집에서 일할 수 있는 직업을 선택하게 한다.

다소 극단적으로 적긴 했으나 어떤 경우에든 방법이 없지는 않다. 이런 것들을 적다 보면 '진짜 최악의 경우 이렇게 하면 되는 건데. 그럼 까짓 거, 뭐' 하는 마음이 든다. 불안을 이겨낼 최소한의 배짱이 인위적으로 만들어지는 것이다.

그런데 우리가 하는 생각의 상당 부분은 무의식적인 동기에 의해 결정된다. 의식적인 차원의 생각은 이렇게 정리를 할 수도 있겠으나 무의식적 차원의 생각은 어떻게 억지로 할 수가 없다.

한 가지 다행인 점은 인간이 아무 생각도 하지 않는 것 같은 순간에조차 실은 줄기차게 생각을 한다는 것이다. 처음 이사를 하면 약도를 보아야 집을 찾을 수 있다. 그다음에도 계속 신경을 써야 길을 잊어버리지 않는다. 그런데 나중에는 다른 생각을 하면서도 집을 찾아간다. 인간의 뇌에는 의식적으로 생각을 하는 부분과 무의식적으로 생각을 하는 부분이 따로 있기 때문에 가능한 일이다. 그런데 의식적 차원의 생각이 지나치면 무의식적 생각이 억눌린다. 그러면서 무의식적 사고와 의식적 사고 사이의 균형이 깨진다. 따라서 머릿속이 복잡해질 때는 의식적 생각을 덜할수록 오히려 무의식적 사고가 깨어나 더 합리적인 방향으로 나아가는 데 도움이 되기도 한다.

쉽게 말해 근거 없는 불안감에 휩싸일수록 다른 무엇인가에 몰두하는 것이 좋다는 것이다. 청소, 설거지, 요리 등 몸을 쓰는 집안일을 하다 보면 의외로 차분하게 마음이 가라앉으며 상황을 분석하는 데 도움이 될 때가 많다. 꼭 집안일이 아니더라도 걱정이 많아질 때마다 주의를 환기시킬 수 있는 자기만의 단순한 일, 즉 영화를 보거나 음악을 듣거나 노래를 부르거나 그림을 그리는 등의 일을 하나쯤 만드는 것이 좋다. 나는 아무 생각 없이 골랐다고 여기지만 사실 영화 줄거리, 노래 가사, 그림 주제는 나의 무의식과 관련이 있을 때가 많다.

그렇게 무언가 골치 아프지 않은 일, 단순한 일에 몰두하는 동안 의식 차원의 생각이 줄어들고 무의식 차원의 생각이 활성

화된다. 일이 끝날 때쯤에는 뿌옇던 머릿속이 맑아지면서 나도 모르는 사이에 생각이 정리되어 있음을 느낄 것이다.

　말하고 글을 쓰는 의식 차원의 생각에 대비되는 무의식 차원의 생각이 가장 적극적으로 이루어지는 순간은 바로 꿈을 꿀 때다. 꿈을 꿀 때는 의식의 힘이 약해지면서 내가 진정 무엇을 원하는지가 극명하게 드러난다.

　그렇다고 꿈을 반드시 기억해서 그 의미를 분석해보라는 말은 아니다. 기억하지 못하는 꿈도 기억하는 꿈과 마찬가지로 매우 중요하다. 우리는 힘든 일이 있을 때 종종 악몽을 꾸는데, 그러면서 반복적으로 그 일에 대해 생각하게 되고 자기도 모르는 사이에 '이렇게 해야겠다' 하고 결심을 굳힌다. 그러니 불안감이 나를 덮쳐 옴짝달싹 못 할 것 같을 때는 잠을 자는 것도 하나의 방법이다. 기억을 하건 하지 못하건, 꿈을 꾸며 하게 되는 무의식적인 생각이 의식적인 생각보다 상황을 분석하는 데 더 큰 도움이 되기 때문이다.

나란 사람 이해하기
실천 Tip 4

~~~~~~~~~~~~~~~~~~~~~~~~~~~~~~

불안감의 실체를 직접 써가며 파헤칠 것

나를 짓누르는 불안감이 현실이 됐을 때 벌어질 일들과 이렇게 됐을 때 해결할 수 있는 방법을 각각 써보자. 좀 무리다 싶은 해결책이라 해도 우선은 적어라. 그러면 '최악의 일이 벌어져봤자 나는 이렇게 하면 그만이다' 하는 배짱이 조금이라도 생겨날 수 있다.

나만의 단순한 일을 할 것

집안일이든 취미 활동이든 복잡하지 않고 쉽게 할 수 있지만 어느 정도 시간을 들여야 하는 단순한 일을 하라. 우왕좌왕했던 생각들이 무의식중에 잘 정돈되어 문제를 객관적으로 바라볼 수 있을 것이다.

심할 경우 잠을 잘 것

잠을 자고 꿈을 꾸는 동안 내 머릿속에서는 어떤 식으로든 잡념들이 쓸려나가며 논리적으로 상황을 파악할 수 있는 회로가 되살아난다. 그러니 넘치는 불안감으로 너무 힘들 때는 억지로라도 잠을 청하는 것이 좋다.

자꾸 남의 눈치를
보게 되는 사람

"기말시험 잘 쳤니? 이번에도 장학금 받을 거 같아?"

동호는 가슴이 철렁했다. 차마 엄마에게 다음 학기 장학금을 놓쳤단 말을 할 수가 없었다.

"그럼요. 당연하지!"

동호는 억지웃음을 지으며 황급히 가방을 챙겨 나갈 채비를 했다.

"엄마, 나 도서관 가요."

"아이고, 기특한 우리 아들! 잘 다녀와. 여기, 도시락 가져가고."

동호는 학교로 향하는 발걸음이 무겁기만 했다. 대학 3학년인 그는 지난 모든 학기를 거치며 전액 장학금을 한 번도 놓쳐본 적이 없었다. 찢어지게 가난한 정도는 아니었지만, 넉넉지 않은 형편에 부모님께 등록금 부담을 지우고 싶지 않았다. 게다가 동생도

고3이라 집에서 여기저기 돈 들어갈 일도 많았다.

'혹시 엄마가 알아챈 거 아닐까?'

동호는 생각하기도 싫다는 듯이 세차게 고개를 흔들었다.

동호는 이번 학기 들어 같은 과 후배와 사귀기 시작했다. 공부에, 아르바이트에 그간 눈코 뜰 새 없이 바쁘게 살다가 처음으로 만나게 된 여자친구였다. 연애에 푹 빠진 동호는 이전만큼 학과 공부에 충실할 수 없었고, 결국 이번 학기 성적에 그 결과가 고스란히 나타나고 말았다.

'아, 내가 장학금을 못 받게 됐다고 하면 엄마가 얼마나 실망할까. 아빠도, 동생도……. 엄마는 지금 몸도 안 좋은데, 나 때문에 더 건강이 나빠지는 거 아냐? 괜히 죄 없는 여자친구 탓할지도 모르지. 아아, 나는 죽어도 등록금 달라고 엄마한테 말 못 해.'

동호는 생각할수록 머리가 아파지기 시작했다.

"오빠, 무슨 일 있어? 얼굴이 안 좋아."

때마침 나타난 여자친구가 걱정스럽게 동호를 쳐다봤다.

"미안한데, 우리 당분간 만나는 걸 좀 자제하자."

"왜?"

"아무래도 아르바이트를 하나 더 구해야 할 거 같아. 이번 방학에 등록금 못 벌어놓으면 다음 학기 휴학해야 하거든."

여자친구는 동호의 집안 형편이 그 정도는 아니라고 알고 있었는데, 이게 도대체 어찌 된 일인지 알 수가 없었다.

걱정도 습관이다

어릴 때를 생각하면 엄마는 참 귀신같았다. 내가 무언가 잘못을 하고 숨기고 있으면 어떻게 알아챘는지 다그치기 시작한다. 처음에는 모른 척도 해보고 저항도 해보지만, 결국 알고 있는 것을 모두 엄마에게 털어놓게 된다.

아이는 의식하지 못하나 사실 엄마는 아이의 태도로 거짓말을 눈치챈다. 엄마 몰래 학원을 빼먹고 PC방에 갔다 왔거나 엄마말을 무시하고 몰래 군것질을 한 아이는 평소와 미묘하게 다른 행동을 한다. 아이들은 자신이 부모 몰래 한 행동만 조심해서 숨기면 된다고 생각하지만, 사실 조심할수록 티가 더 많이 난다.

부모는 아이를 때릴 수도, 굶길 수도, 심지어 죽일 수도 있는 존재다. 그렇기 때문에 일단 엄마가 자신이 켕기는 무언가에 관해 물어보거나 다그치면 아이는 두려움에 휩싸여 들키면 어떡하나 하는 고민에 빠지고 만다. 이 고민 때문에 전반적인 태도에 평상시와 다른 점이 드러나고, 결국 잘못을 엄마에게 들키게 되는 것이다.

그런데 성인이 되어서도 이런 성향이 유지되는 경우가 많다. 즉 끊임없이 남의 눈치를 살피며 상대가 내 말이나 행동을 어떻게 생각할지, 행여 나 때문에 언짢은 것은 아닐지 고민하는 것이다. 실제로 상대에게 직접 무슨 생각을 하고 있느냐고 물어보면 간단히 끝날 문제인데도 괜히 혼자 넘겨짚으며 걱정의 구렁텅이에서 빠져나올 줄 모르는 사람이 의외로 한둘이 아니다.

심하게 눈치 보는 사람들의 비밀

《신데렐라》《백설공주》《콩쥐 팥쥐》.

이 세 동화의 공통점은? 그렇다. 모두 계모가, 그것도 아주 못된 계모가 등장한다는 것이다.

동화 속에 못된 계모가 자주 등장하는 이유를 정신분석학에서는 아주 흥미롭게 설명한다. 어린 아이에게 부모는 절대적인 존재다. 따라서 부모가 야단을 치면 아이들은 무조건 자신이 잘못했다고 생각하는 경향이 있다. 만약 자신에게는 잘못이 없고 부모가 잘못했다는 판단이 들면 부모와 맞서 싸워야 하는데, 이는 물리적으로 거의 불가능하다. 부모는 아이에게 의식주는 물론 용돈도 제공하고 각종 위협과 병마로부터 아이를 보호해준다. 한마디로 아이는 부모에게 전적으로 의존할 수밖에 없다.

어린아이가 느끼기에 부모는 언제든 자신에게 절대적인 영향력을 행사할 수 있는 존재다. 때문에 행여 마음속으로 부모를 욕하더라도 곧 그것을 부모에게 들킬까 봐 두려워한다. 동화 속 계모는 항상 악의 화신처럼 그려진다. 부모에 대한 증오를 심리적으로 해결해야 하는데 생모가 미운 존재일 수는 없으니 생모에 대한 증오를 계모에 대한 분노로 대치하는 것이다. 사춘기를 지나 성인이 되면 부모에 대해 의식적으로 분노를 느끼고 증오도 하게 된다. 하지만 어려서 지녔던 두려움을 완전히 떨치지 못한

걱정도 습관이다

성인의 경우 여전히 그 감정이 잠재의식 속에 자리를 잡고 있다. 그래서 부모가 아닌 타인을 대할 때 그 감정이 투영되곤 한다.

한 예로 자기보다 나이가 많은 사람을 대하면 무조건 두려움을 느끼는 이들이 있다. 두렵다 보니 어색하게 대하고, 어색하게 대하다 보니 본의 아니게 실수를 하게 되고, 실수를 하다 보니 야단을 맞고, 야단을 맞다 보니 내재된 두려움이 수면 위로 떠올라 버린다(이런 점에서 보면 자녀의 잘못을 눈감아주는 것도 좋은 부모가 되기 위해 꼭 필요한 능력 중 하나인 것 같다. 자녀의 일거수일투족을 관찰하고 무슨 생각을 하는지 귀신같이 알아맞히는 부모 밑에서 자란다고 생각해보라. 그것은 어떤 점에서 지옥과도 같은 일이다).

두려움에 수치심이 더해지면 더욱 강렬한 감정이 된다. 남 앞에서 실수를 하면 사람들이 나를 비웃을 것 같다. 그런 생각이 들면 실제로 웃지 못할 실수를 한다. 감독 앞에서 실수하면 안 된다는 생각에 사로잡힌 운동선수는 평소 기량을 잘 발휘하다가도 유독 감독 앞에만 서면 제 실력을 발휘하지 못한다. 평소 '명 수비'로 이름을 날리던 선수가 중요한 경기에서 한 번 실수를 한 다음, 또다시 같은 상황에서 비슷한 실수를 범하는 경우도 마찬가지다.

'지난번처럼 뜬공을 또 놓치면 어쩌지? 그 실수 하나 때문에 우리 팀이 다 이겼다가 역전패를 당한 거잖아. 동료들이 괜찮다고는 했지만, 속으로는 모두 나를 욕했을 거야. 관중들도 이번에

한 번 더 실수하면 나에게서 완전히 등을 돌릴 거라고. 아, 차라리 이번 경기에서 빠졌으면 좋겠다.'

이렇게 생각이 이어지면서 두려움에 수치심이 합쳐진다. 그렇게 더욱 강렬한 감정의 소용돌이가 만들어지면 그 선수는 결국 제 실력대로 경기에 임하지 못할 가능성이 크다. 안타깝지만, 감정이 이다지도 중요한 것이다.

다 무시하고 그냥 눈을 감아야 할 때

우리가 누군가와 어울려 이 세상을 살아가는 이상, 일평생 남의 눈치를 보지 않고 살 수는 없다. 게다가 눈치는 어떤 점에서 타인에 대한 최소한의 배려일 수 있다. 우리가 "쟤는 왜 저렇게 눈치가 없어?"라고 평가하는 사람은 대부분 무리에서 민폐 끼치기로 둘째가라면 서러운 사람이다. 한편 "난 남의 눈치 안 보고 내 식대로 살 거야"라고 하는 사람은 안하무인이라거나 독불장군이라는 평가를 받기도 한다. 이렇게 볼 때 적당한 눈치는 반드시 필요하다.

그러니 나는 왜 이렇게 남의 눈치를 볼까 고민하는 사람은 바꾸어 말해 자신이 타인을 참 많이 생각하고 배려하는 타입이라고 보아도 좋을 것 같다. 눈치를 본다는 건 남의 마음을 읽기 위

걱정도 습관이다

해 노력한다는 뜻이고, 그렇게 해서 남의 마음을 읽게 되면 결국 상대에게 이로운 행동을 할 것 아니겠는가.

문제는 정말 과할 정도로 남을 의식해 꼭 해야 하는 일들까지 제대로 해내지 못하고 마음고생에 시달리는 사람들이다. 이런 사람들의 특징 중 하나는 타인이 자신에게 엄청나게 높은 기대를 할 것이라고 착각한다는 것이다. 이들은 자신에게 맞지도 않는 기대치를 충족시키기 위해 죽어라 애쓴다.

직장에서 해고를 당한 가장이 아침마다 아무렇지 않게 양복을 입고 출근하는 척하는 장면. 드라마에서 많이 보던 것이라 익숙하게 느껴질 것이다. 아마 가장은 가족들이 자기에게 걸고 있는 경제적·사회적 기대치가 클 것이라 추측하고 그 기대를 실망으로 바꾸기 싫어 그렇게 했을 것이다. 하지만 그런 드라마의 마지막이 어떻게 되던가? 가족은 가장의 생각만큼 의존적이지 않다. 오히려 힘들어하는 가장을 따뜻하게 안아주고 그가 했을 마음고생을 생각하며 가슴 아파한다. 그러고는 함께 위기를 헤쳐나가기 위해 힘을 모은다.

눈치 보는 사람들의 두 번째 특징은 앞서 언급한 재앙화 경향이 두드러진다는 것이다. 즉 상황을 과장되게 해석하고 최악의 경우를 상상한다.

'내가 조퇴한다고 하면 부장님이 괜찮다고 하실까? 아, 어떻게 말을 꺼내지? 오늘 부장님 기분도 나빠 보이는데. 지난번에

정 과장님이 연차 쓸 때도 한 소리 하셨잖아. 그래도 오늘은 몸이 너무 안 좋은데……. 부장님이 내 인사고과 엉망으로 주는 거 아니야? 이걸로 완전히 미운털 박히는 건? 이러다 조만간 잘릴지도 몰라. 휴, 아무래도 안 되겠다. 그냥 참아야지.'

직장인들 대부분이 이렇게 상사의 눈치를 본다. 물론 그중에는 정말 최악의 상사도 있긴 하다. 하지만 다음과 같은 상사의 말 한마디로 상황이 깔끔하게 종료된 적은 없었던가?

"안색이 너무 안 좋은데, 어디 아픈가? 급한 일 없으면 마무리하고 들어가지 그래."

때때로 주위 사람들이 너무 의식될 때는 그냥 눈을 감을 필요가 있다. 내 의견이 전혀 반영되지 않은 일반적인 기대에 부응하기 위해 무작정 나를 소진시키는 것은 스스로에 대한 학대와도 같다. 당신이 생각하는 것만큼 타인은 나에게 관심을 두지 않는다. 나의 실수가 그들에게 실질적인 피해를 준다면 모르겠지만, 그렇지 않은 이상 그들은 나를 그다지 신경 쓰지 않는다. 아닌 것 같다고? 내가 남의 실수를 어떻게 대하는지 생각해보라. 나와 마찬가지로 남도 나의 실수를 대수롭지 않게 대할 뿐이다.

사실 눈치란 일종의 경계심이라고도 볼 수 있다. 내가 믿을 수 있는 사람, 나를 믿어주는 사람에 대해서는 눈치를 보지 않는다. 그런데 믿음이 쌓이기까지는 상당한 시간이 필요하다. 그전까지는 어쩔 수 없다. 특히 낯선 곳에서 낯선 사람을 많이 만나게

걱정도 습관이다

되면 그만큼 눈치 볼 일이 많이 생기게 된다.

지나치게 남의 눈치를 보는 것 때문에 괴롭다면 새롭게 만나는 사람의 수를 줄이는 편이 좋다. 이들에게는 머릿속에서 처리할 수 있는 대인관계의 수가 한정적이다. 그 범위를 넘어서 낯선 사람들을 많이 만나면 상대가 나를 어떻게 생각하는지 파악하기 어려워지고 이에 따라 눈치 보는 정도가 훨씬 심해진다.

사회생활을 하며 어쩔 수 없이 만들게 되는 인간관계도 있긴 하다. 특히 우리는 누군가가 나에게 영향력을 미칠 수 있을 때, 즉 상대와 내가 소위 '갑을관계'일 때 상대의 눈치를 많이 본다. 을은 갑의 눈치를 보지만, 갑은 웬만하면 을의 눈치를 보지 않는다. 당연하지만 을은 경제적으로건 심리적으로건 갑에게 의지를 많이 하기 때문에 그런 관계가 만들어지는 것이다. 따라서 을은 갑에게 의지하는 정도를 가능하면 줄여야 한다.

'이 회사 잘리면 큰일 나는데' 하는 마음으로 회사를 다니는 사람은 평생 상사 눈치만 보며 살아야 한다. 당장 이 회사를 박차고 나가더라도 곧 다른 곳으로 옮길 수 있을 만한 실력을 키우거나 최소한 몇 달간은 문제없이 살 수 있을 만한 비상금이라도 두둑이 모아두거나 하다못해 근거 없는 자신감이라도 키울 수 있어야 한다(이에 대해서는 바로 뒷부분에서 더 자세히 다룰 것이다). '이 무리에서 내가 떨어져나가면 어떡하지?'라는 마음으로 친구를 만나는 사람은 언제나 그 무리의 초식 동물이 될 수밖에 없다.

늘 약자라는 것이다. 이렇게 되지 않으려면 친구들을 더 폭넓게 사귀거나 혼자서 이런저런 일들을 할 수 있어야 한다. 그리고 혼자 하는 일들을 즐길 수 있어야 한다.

근본적으로 눈치를 덜 보는 사람이 되기 위해서는 나 스스로를 괜찮은 사람이라고 여길 수 있어야 한다. 그러려면 실제로 내가 여러 방면에서 괜찮은 사람이 되기 위해 노력해야 하는 것이 기본이다.

걱정도 습관이다

나란 사람 이해하기
실천 Tip 5

~~~~~~

남의 마음을 읽으려 하지 말 것

눈치를 본다는 것은 그 사람이 어떻게 생각할지를 머리 싸매고 고민한다는 것이다. 그 사람이 무슨 생각을 할지 걱정되어 일이 손에 안 잡힐 정도라면 그 사람에게 차라리 대놓고 물어보라. 도저히 얼굴 보고 말할 자신이 없다면 전화를 하거나 문자 메시지라도 보내라. 아니면 친한 친구에게 물어달라고 부탁을 하거나. 어찌 됐든 확인하지 않고 지나가는 것보다는 이 편이 훨씬 낫다.

인간관계를 너무 늘리지 말 것

새로운 인간관계가 생겨날수록 그만큼 눈치 볼 사람의 숫자도 늘어난다고 보면 된다. 아무리 상대가 착한 사람이라 해도 눈치를 많이 보는 당신은 기본적으로 낯선 사람을 대할 때 스트레스를 받을 수밖에 없다. 어쩔 수 없는 상황이 아니면 괜히 오지랖 넓게 많은 사람과 만나려고 하지 마라.

감정적 '을'의 자리에서 벗어날 것

'이것 아니면 안 된다'라는 생각이 드는 순간 사람은 눈치를 보게 되어 있다. 연애를 하더라도 '너 아니면 난 죽어' 같은 저자세를 버리고 좀 '쿨'해질 필요가 있으며, 회사에 다닐 때도 '여기서 잘리면 다른 거 하지, 뭐' 하는 배짱이 있어야 한다. 그러려면 당신만의 든든한 '보험'이 필요하다. 최소한 석 달치 생활비는 늘 통장에 넣고 살아라. 연인 외에 부르면 당장 나와주는 가까운 친구 두세 명도 늘 있어야 한다.

자신감이 부족하고
쉽게 위축되는 사람

"이번에 기가 막힌 연극이 한 편 들어왔는데, 어때? 이거 봐. 역할도 엄청 괜찮아. 같이하는 배우들도 죄다 연기파들이고. 이런 작품 한 편 하면 네 주가도 확 뛸 거 같은데."

쉬지도 않고 말하는 매니저는 잔뜩 흥분한 기색이었다. 연기보다 외모로 더 인정받는 김 배우에게 연극은 어쩌면 연기 논란의 종지부를 찍을 수 있는 절호의 기회일지도 몰랐다.

"형, 나 관객 울렁증 있는 거 알잖아. 영화나 드라마야 스태프들이 지켜보는 정도니까 그럭저럭 한다 해도 관객들 앞에서 연기를 하라고? 어휴."

김 배우는 생각만 해도 무섭다는 듯이 질색을 했다.

"야, 임마. 배우가 관객 울렁증이 있어서 어디다 써? 네가 자꾸 이러니까 영화 홍보도 해야 하는데 무대 인사도 못 하잖아. 이번 기회에 그놈의 울렁증 좀 극복해봐. 그래서 너한테 연기 못한다, 낙하산이다 하고 떠드는 놈들 말문이 막히게 하자고."

매니저는 답답하다는 듯이 김 배우를 어르고 달랬다.

"누가 나보고 낙하산이래?"

갑자기 김 배우의 눈빛이 서늘하게 바뀌었다.

"아니, 말이 그렇다 이거지."

매니저는 당황해서 얼른 말을 얼버무렸다.

"형, 아무리 우리 아버지가 영화감독이라고 해도 내가 덕 본 거 있어? 내가 바닥부터 얼마나 깨지고 구르면서 여기까지 왔는 줄 알잖아. 그런데 내 앞에서 그런 말이 나와?"

"야, 내가 언제 너보고 낙하산이랬어? 그냥 사람들 말이 그렇다는 거지. 그리고 너만 당당하면 그만이지, 쓸데없이 왜 그렇게 열을 내고 그래."

흔히 조금만 무시를 당해도 화를 내는 사람을 두고 '자존심이 강하다'고 한다. 그런데 사실 그런 사람들은 자존심이 강한 것이 아니다. 자존심이란 자신이 자신을 존중하는 마음이다. 그래서 자존심을 풀어쓰면 '자기 존중감'이 된다. 누가 보아주건 보아주지 않건 스스로 나는 괜찮은 사람이라고 여기는 이는 남들이 나를 조금 무시해도 크게 신경 쓰지 않는다. 타인의 평가나 타인의 시선과 관계없이 '나는 나'라고 생각하기 때문이다.

그런데 스스로 자신이 못났다고 생각하는 이들은 끊임없이 남이 나를 어떻게 생각하나, 남이 나를 어떻게 바라보나 의식한다. 게다가 상대와 나를 줄기차게 비교한다. 그렇기 때문에 늘 화나는 일이 많고 인생이 피곤하다.

자신감이 없으면 민감해진다

자존감의 가장 중요한 요소 중 하나가 '자신감'이다. 무언가 내가 잘하는 것이 있고, 나는 나름대로 존재 가치가 있으며, 쓰임새가 있다는 믿음이 자신감을 구성한다.

심리상담을 받으려는 이들은 저마다 다양한 이유로 상담센터에 찾아온다. 너무 슬퍼서, 너무 겁이 나서, 너무 걱정이 되어서, 너무 불안해서, 너무 허전해서 등등. 하지만 결국 근본적인 이유는 그러한 인생의 문제를 스스로 해결할 자신감이 고갈되어서다. 너무 공격적이어서 타인에게 피해를 주는 경우를 제외하면 심리상담을 필요로 하는 이들의 공통점은 자신감이 결여되어 있다는 것이다. 그런 점에서 평소 잘 키워놓은 자신감은 '마음의 면역력'이라고도 할 수 있다.

흔히 성공에 대한 열망이 강하면 패배에 대한 두려움을 극복

걱정도 습관이다

할 수 있다고 생각한다. 그런데 심리학자들의 견해는 다르다. 이들은 성공에 대한 열망과 패배에 대한 두려움을 각각 독립된 변수라고 본다. 성공에 대한 열망이 강할수록 패배에 대한 두려움도 그에 발맞춰 상승한다. 그런데 어떤 사람은 승리하고자 하는 마음이 강해져도 질까 두려워하는 마음이 그에 비례해서 강해지지 않는다. 이런 사람들은 담력이 있고 자신감이 강하다. 김연아 선수나 류현진 선수처럼 배짱이 있는 것이다.

반면 어떤 이들은 승리에 대한 열망이 커질수록 패배에 대한 두려움도 급속도로 증가한다. 그래서 나중에는 패배에 대한 두려움이 승리에 대한 열망을 덮어버리면서 자멸을 재촉한다. 야구의 경우 2군에서는 강속구를 뿌리지만 1군 경기에서는 주눅이 들어 포볼만 던지다 강판되거나 2군에서는 홈런을 펑펑 쏘아 올리지만 1군 경기에서는 몸이 얼어붙어 방망이도 휘두르지 못하고 삼진을 당하는 선수들이 대부분 이런 경우에 해당한다. 운동 능력은 똑같은데 자신감이 있느냐 없느냐가 이런 차이를 불러오는 것이다.

원래 어려서부터 겁 많은 이들이 있다. 나는 어렸을 때 공에 맞을까 봐 무서워 날아오는 공을 잡기는커녕 피하고 다녔다. 반면 학교에서 야구를 제일 잘하던 덩치 큰 친구 중에는 수학 시험만 보면 부들부들 떠는 아이가 있었다. 즉 아무리 평소 자신감이 있는 사람이라 하더라도 익숙지 않고 자기가 뒤처진다고 생각하는 영역을 접하게 되면 자신감이 떨어지고, 반대 상황이 되면 자신감이 상승한다는 것이다.

바닷가 동네에서 가장 수영을 못해 놀림당하던 아이가 도시에 와서 한 번도 수영을 해본 적 없는 아이들 틈에 끼게 되면 세상에서 자기가 수영을 가장 잘하는 것처럼 느끼며 자신감이 충만해진다. 미국에서는 손짓, 발짓을 해가며 겨우 의사소통을 하던 아이가 한국에 와서 영어 울렁증이 있는 보통 사람들과 영어를 배우면 외국인과 손짓, 발짓으로나마 소통을 하는 자기가 대단하게 느껴질 수밖에 없다. 이 아이의 자신감은 그 순간부터 급상승하게 된다.

겁이 많고 쉽사리 불안해지는 성격은 타고나는 것이다. 하지만 자신이 무언가를 잘했을 때 칭찬받고 인정받고, 그런 분야로 취직도 하고, 그러다가 생활이 안정되어 결혼도 하고 인생이 잘 풀리다 보면 인생에 점점 자신감이 붙는다. 반면 어려서는 겁도 없고, 활발하고 과감했던 성격도 나이가 들면서 뚜렷이 잘하는 것이 없고 결혼 문제가 됐건, 직장 문제가 됐건, 자녀 문제가 됐건, 금전 문제가 됐건, 건강 문제가 됐건 두세 번의 불행을 연달아 겪다 보면 자신감이 점점 떨어진다. 자연히 남들과 나를 자꾸 비교하게 되고 남들이 나를 어떻게 생각하나, 남들이 나를 어떻게 대우하나 민감해진다. 그러다 보면 사람들이 자신을 불편하게 만드는 그 혹은 그녀를 피하게 된다. 이렇게 사람들이 자신을 피

걱정도 습관이다

하는 것 같다는 생각이 들면 그 혹은 그녀는 더욱더 민감해진다. 그야말로 악순환이 벌어지는 것이다.

자신감을 키우는 네 가지 방법

자신감은 타고난 성격, 자라온 환경, 현재 처한 상황, 미래에 대한 비전 등이 합쳐져 형성된다. 자신감을 키우기 위해 지켜야 할 네 가지 원칙은 크게 다음과 같다.

첫 번째, 비빌 감정의 언덕이 필요하다.

인간은 인생의 상당 부분을 누군가로부터 칭찬받기 위해, 그리고 누군가로부터 비난받지 않기 위해 살아간다. 어려서는 부모의 칭찬, 학교 선생님의 칭찬, 상사의 칭찬, 동료의 인정, 아내의 사랑, 자녀의 존경을 받고자 한다. 때로는 칭찬의 성격이 대중의 인기 같은, 불특정 다수의 인정이 되기도 한다.

시험에 합격하거나 좋은 직장에 들어가거나 부자가 되면 스스로 자부심을 느낀다. 자신이 자신을 칭찬하는 것이다. 자신이 자신을 칭찬할 수 있을 정도로 누구나 감정이 잘 발달되어 있다면 좋겠지만, 그렇지 않은 경우에는 칭찬해줄 누군가가 인생에 필요하다. 함께 기뻐해줄 누군가가 옆에 있어야 한다.

특히 우리에게는 나도 나를 믿지 못할 때 나를 믿어주는 누군가가 필요하다. 가족이 그 역할을 해주면 다행이지만 자신감과 에너지가 결여된 이들의 상당수는 사실 그 역할을 가족이 해주지 못해서 그렇게 된 것이다. 그런 의미에서 힘들 때 기댈 수 있는 사람이 옆에 있어야만 자신감 역시 쑥쑥 자라나게 된다.

두 번째, 인생의 관객을 의식하지 말아야 한다.

'행위 불안'이라는 증상이 있다. 다른 말로 '무대공포증'이라고도 한다. 남들 앞에서 발표를 하려고 하면 심장이 두근거리고 떨려오는 것이다. 혼자서 할 때는 너무나 잘하는데, 관객이 있으면 엉망이 된다. 영화나 드라마를 찍을 때는 정말 잘하는데, 관객을 마주 대하는 연극을 하려면 너무 두렵다. 앞의 사례에 등장한 김 배우도 이런 경우에 해당한다고 할 수 있다. 마찬가지로 스튜디오에서 녹음을 할 때는 최고인데, 라이브 무대에서는 목소리가 떨려 가창력이 출중한데도 립싱크를 하는 가수도 있다.

무언가를 하다 실패했을 때 '주위에서 나를 어떻게 볼까'에 집착하다 보면 실력을 제대로 발휘하지 못한다. 또한 내가 진정 잘할 수 있고 진정 재미를 느끼는 일이 아니라 남들이 보기에 그럴듯한 일만 하려고 든다. 하지만 남들은 그야말로 내 인생의 관객에 불과하다. 힘들겠지만 이 관객들의 시선에서 자유로워질 때 자신감도 키울 수 있는 법이다.

세 번째, 자신이 선택하고 책임지는 것에 익숙해져야 한다.

자신감이 부족한 이들의 특징 중 하나가 무언가를 결정하기

걱정도 습관이다

전에 계속 물어본다는 것이다. 어떤 색깔의 옷을 사야 할지, 어느 대학에 가야 할지, 어떤 직장에 들어가야 할지, 이 사람과 결혼을 해야 할지, 이 사람과 이혼을 해야 할지 계속 묻고 또 묻는다.

이러한 귀찮은 질문들에 기껏 진정성 있는 대답을 해준 사람들의 의견을 무시하고 이들은 결국 엉뚱한 선택을 한다. 원치 않는 선택을 하기도 하고, 해서는 안 되는 선택을 하기도 하고, 떠나야 할 때 떠나지 못하기도 하고, 거절해야 할 때 거절하지 못하기도 한다. 그리고 일이 제대로 안 풀리면 꼭 남 탓을 한다.

남이 나에게 어떤 선택을 하라고 얘기하는 데는 다 이유가 있다. 남들은 자신의 이익에 따라 어떤 결정을 권하기도 하고 자신의 기준에서 봤을 때 올바르다는 생각이 들어 의견을 말하기도 한다. 상대에게 진정 도움이 될 만한 얘기를 해주는 사람도 있다. 하지만 당신이 진정한 조언을 분간하지 못하고 자기 이익을 챙기려는 사람들의 결정에 따라 인생을 산다면 당신의 인생은 그냥 그들의 인생이 된다. 당신의 몸과 마음으로 남의 인생을 산다면 아무리 그것이 그럴듯해 보이더라도 자신감은 생기지 않는다. 차라리 스스로 선택하고 결과를 책임지는 편이 낫다.

마지막으로 '티끌 모아 태산'이라는 말을 명심해야 한다.

스포츠 코치들이 선수에게 자신감을 불러일으키는 데는 몇 가지 방법이 사용된다. '직접 부닥쳐보게 하기' '시범 보이기' '잘 설명하기' '격려하기' 등이 그것으로, 이 가운데 한 가지를 사용하거나 두 가지 이상을 섞어 사용한다. 그런데 이 중에서 단연코 가장 효과가 있는 것은 '직접 부닥쳐보게 하기'다. 일단 시도해본 후 가능하다는 것을 스스로 확인하면 자신감이 생기는 것이다. 아무리 보잘것없어 보이는 일이라도 성공하면 그것이 자신감 배양의 씨앗이 된다. 바위같이 커다란 눈덩이도 처음에는 주먹으로 꾹꾹 눌러 만든 자그마한 눈뭉치에서 시작된다는 것을 잊지 말자.

살다 보면 절망에 빠져 '나는 아무것도 할 수 없겠다'는 생각이 머릿속을 꽉 채우는 순간이 온다. 그럴 때일수록 지금 내가 하고 있는 직장생활이나 일상생활 속에서 자신감의 씨앗을 뿌려야 한다.

상사에게 된통 깨진 날엔 고개를 숙이고 우울해할 것이 아니라 내가 잘하는 게임이라도 실컷 할 일이다. 말 잘 듣는 후배에게 작은 조언이라도 해주고 고맙다는 얘기라도 듣자. 봉사 활동을 하거나 독서 계획을 세워 그 목표라도 지켜나가라. 작은 성취감들이 모여 자신감으로 자라나는 법이다.

1단계

나란 사람 이해하기

~~~~~~~~~~~~~~~~~~~~~~~~~~~~

칭찬을 잘해주는 친구를 만들 것

타고나길 남 칭찬을 유독 잘하는 사람들이 있다. 자신감이 부족한 이들일수록 이런 사람을 곁에 두고 지속적인 관계를 유지해나갈 필요가 있다. 아무리 자신감이 바닥인 상태라도 옆에서 "넌 어쩌면 이렇게 피아노를 잘 치니" "너 진짜 멋있다"와 같은 말을 계속 해주면 스스로가 괜찮은 사람이라고 생각할 수밖에 없다.

혼자 선택해볼 것

아주 작은 문제에서부터 남의 의견을 듣지 말고 혼자 결정하는 습관을 들이자. 점심시간에 무엇을 먹을지 의논하는 동료들에게 "전 김치찌개 먹고 싶어요"라고 당당하게 말한다. 혼자 쇼핑을 가서 필요한 물건을 스스로 골라보는 것도 좋은 연습이다.

일단 부닥쳐볼 것

절대 성공할 수 없는 일이라고, 진짜 말도 안 되는 일이라고들 얘기하는 것에 무작정 뛰어들어보자. "내가 그런 일을 어떻게 해" 하고 손사래 쳤던 일들 가운데 역시 작은 일부터 골라 시도해보는 것이다. 작은 성취의 씨앗이 일상에 뿌려지면 그것이 커다란 자신감 열매로 자라나게 된다.

욕망을
잘 절제하지 못하는 사람

"너 또 택배 주문했니?"

엄마가 얼굴을 찡그리며 박스를 하나 들고 왔다.

"아니야, 친구 거 대신 받은 거야."

혜리는 웅얼웅얼 대답하며 엄마 손에서 얼른 택배 박스를 낚아

챘다.

"아이고, 이것아. 귀신을 속이지, 엄마를 속여? 너 대체 어쩌려고

그래. 월급 받아서 다 이렇게 날릴래? 내년에 결혼한다면서 돈은

언제 모으려고?"

또 엄마 잔소리 시작이다. 혜리는 문을 쾅 닫고 자기 방으로 들어

가버렸다.

'흥, 돈 보태주는 것도 아니면서 왜 그렇게 말이 많아?'

혜리는 삐죽거리며 택배 박스를 뜯고는 신상 구두를 꺼내 얼른 신어봤다. 사이즈는 꼭 맞았지만 화면에서 보던 것보다 예뻐진 않은 것 같았다.

'에이, 이거 완전 '화면빨'이네. 괜히 샀어.'

택배 박스를 받기 전까지 최고조에 이르렀던 기대감이 한풀 꺾이자 혜리는 구두를 대충 박스에 구겨 넣고는 심드렁하게 컴퓨터 앞에 앉았다. 이때 딩동 하며 문자 메시지 한 통이 도착했다. 이번 달 카드 결제 대금을 알려주는 메시지였다.

'헉! 이게 얼마야? 왜 이렇게 많이 나왔지?'

혜리는 카드 사용 내용을 하나하나 살펴봤다. 대부분이 인터넷에서 액세서리나 의류를 구입한 대금이었다.

'이번 달 월급 가지고 다 못 막겠는데. 어쩌지? 나눠서 갚는 서비스 신청해야겠다. 휴. 지금부터 한 달간은 쇼핑 금지야. 그래, 아무것도 사지 말아야지. 꼭이다, 꼭!'

그녀는 굳게 다짐하고는 기사 검색이나 해야겠단 생각으로 인터넷에 접속했다.

'지금쯤 가을 신상이 나왔을 텐데. 얼마나 예쁜 것들이 올라왔을까? 아아, 가서 보기만 하는 건 괜찮지 않을까?'

손가락을 달달 떨던 혜리는 '에라, 모르겠다' 하며 본인을 VIP로 우대해주는 쇼핑몰에 들어가고 말았다. 가서 이것저것 살피던 그녀는 결국 충동을 못 참고 또 잔뜩 주문을 해버리고 말았다.

'다음 달 카드값은 어쩌지? 아니다, 그건 다음 달에 고민하지, 뭐. 아아, 얼른 받고 싶다.'

무언가를 꼭 가지고 싶다거나 꼭 하고 싶다는 생각으로 가득 찬 사람들이 있다. 대부분의 사람들은 이것이 끊기 힘든 욕망 때문이라는 것을 잘 안다. 그러나 이 점을 잘 안다 해도 막상 멈추기란 쉽지 않다.

'이 정도쯤은 내가 조절할 수 있지. 내가 중독자는 아니잖아?'

바로 이런 생각 때문이다. 카드값을 줄이지 못하는 사람, 술이나 도박, 게임을 중단하지 못하는 사람, 쇼핑을 끊지 못하는 사람, 바람피우기를 멈추지 않는 사람 모두 공통적으로 하는 말이 "내가 마음만 먹으면 얼마든지 해결할 수 있다"는 것이다.

그러나 단언컨대 지난 5년간, 10년간, 20년간 계속 그 말을 하면서도 지금껏 문제를 해결하지 못했다면 그것은 절대 혼자 힘으로 감당할 수 없다는 뜻이다.

괜찮다, 인정하고 공표하라

그냥 친구들과 어울려서 카드나 고스톱을 하는 경우는 '사교성 도박'이라 하고 흔히 말하는 도박 중독은 '병적 도박'이라고 한

걱정도 습관이다

다. 사교성 도박과 병적 도박의 가장 큰 차이는 얼마나 도박을 할지 정해놓느냐 여부다. 사교성 도박은 일정 금액 이상 돈을 잃으면 누군가 판을 떠나게 되어 있고 거기서 도박이 중단된다. 그런데 병적 도박은 완전히 돈을 잃고 더 이상 돈을 빌려주는 이가 없을 때까지 하루고 이틀이고 판이 계속 이어진다.

알코올 중독 역시 마찬가지다. 그냥 술을 좋아하고 많이 마시는 사람은 내일 급한 일이 있으면 술을 마시지 않거나 어느 정도 마시다가 중단한다. 그런데 알코올의존증 환자는 일단 술을 한잔 마시기 시작하면 더 이상 몸이 버티지 못할 때까지 마신다. 자연히 직장에서도 문제가 생겨 일을 그만두게 되고 나중에는 가족과도 문제가 생겨 외톨이가 된다.

이렇게 욕망에 사로잡혀 끊임없이 무언가를 갈구하는 사람은 스스로 문제를 해결할 수 있다는 생각을 멈추지 않는 한 절대 욕망의 결과에 따른 걱정으로부터 벗어나지 못한다. 한마디로 자신에게 큰 문제가 있음을 인정해야 한다는 것이다.

인정 다음에 해야 할 일은 자신에게 문제가 있다는 것을 주위에 알리는 것이다. 알코올의존증 환자는 누군가 술을 권하면 거부해야 하는데, 처음에는 그러기 위해 이런저런 핑계를 댄다.

"오늘 내가 차를 가져와서 안 되겠는데."

그러면 주위에서는 대리운전 기사를 부르면 되지 않느냐고 한다.

"내가 요새 간이 좀 안 좋아져서 말이야."

그러면 주위에서는 딱 오늘까지만 마시고 내일부터 그만 마시라고 한다. 문제는 이런 말을 하는 사람들을 내일도 모레도 만나야 한다는 데 있다. 사람들은 간이 좋지 않다는 상대가 일주일에 몇 번의 술자리를 갖는지에 관심이 없다. 그냥 오늘 하루 함께 술을 마시고 즐기면 그만이다.

정말 술을 끊을 생각이 있는 사람은 누군가 술을 권하면 정확하게 "나는 알코올 중독자야"라고 말한다. 이 말을 들은 사람 누구도 더 이상 술을 권하지 못한다.

자신의 문제를 드러내지 않는 한 주위에서는 결코 나의 문제를 알지 못한다. 내가 욕망을 끊도록 도와줄 수 없는 것이다. 더군다나 혼자서 끙끙 앓다 보면 스트레스만 더 심해진다. 인간은 스트레스를 받으면 무언가로 풀려고 한다. 그러다 보니 더 많이 카드를 긁고, 더 많이 술을 마시고, 더 많이 담배를 피우고, 더 많이 게임을 하고, 더 많이 섹스에 집착하고, 더 많이 도박을 한다.

자신의 비밀이 공개되는 것이 처음에는 두려울 것이다. 하지만 막상 공개되면 그 순간에는 수치스럽고 괴롭더라도 결국은 비밀을 지키는 데 따른 스트레스가 완전히 사라지면서 욕망을 절제하기가 한결 수월해진다. 답답한 심경을 털어놓는 것만으로도 마음의 큰 짐을 덜면서 욕망의 악순환을 멈추는 데 바짝 다가가게 된다는 것이다.

걱정도 습관이다

공표하기 전에 적절한 대상부터 찾자

그다음으로 필요한 것이 바로 주변 사람들의 격려다. 나의 문제를 공표했는데 막상 뒤에서 나에게 손가락질을 하며 수군댄다면 어떻게 되겠는가. 혹은 대놓고 "그러면 못 쓴다"라고 화를 내며 훈계를 하거나 심지어 조롱한다면?

흔히 누군가가 걱정을 털어놓으면 많은 이들이 이런저런 충고를 한다. 하지만 정작 가장 답답한 사람은 고민하고 있는 당사자다. 자신이 저지른 바보 같은 일을 털어놓을 때 누군들 부끄럽고 두렵지 않겠는가. 더군다나 그것이 끊을 수 없는 욕망과 관련된 것일 때는 말을 꺼내기도 어렵고 자칫 잘못하면 모욕감을 느낄 가능성도 크다. 이때 상대로부터 따뜻하고 진심 어린 위로와 응원을 받으면 욕망을 절제해나가는 데 정말 큰 도움이 된다.

따라서 아무에게나 자신의 문제를 털어놓아선 안 된다. 주변에 전적으로 나를 믿고 지지해줄 사람부터 찾아야 한다.

'우리 아버지는 너무 엄격해서 이런 말을 꺼내면 화부터 내고 말 거야.' '아내가 이 사실을 알면 얼마나 나에게 실망할까. 나를 혐오스러운 눈빛으로 쳐다볼지도 몰라.'

이런 생각이 들면서 도저히 가족에게 털어놓을 엄두가 나지 않는다면 우선 자신과 같은 처지의 사람들과 얘기하는 것이 필요하다. 최근에는 굳이 병원을 찾지 않아도 인터넷을 잘 찾아보면 다양한 문제를 가진 사람들끼리 모여 이야기를 나누는 온라인 커뮤니티 공간이 마련되어 있다. 여기에서 소중한 충고와 위로를 얻다 보면 욕망을 끊는 데 큰 도움이 된다.

물론 정신과 의사나 심리상담가 등 전문가를 찾는 것 역시 도움이 된다. 눈앞에 간절히 원하는 것이 있을 때 그것을 참기란 쉬운 일이 아니다. 미래의 보상을 위해 순간의 즐거움을 참을 줄 아는 인간은 원래 많지 않다. 따라서 욕망에 사로잡힌 이들에게 현재 무언가를 인내했을 때 미래에 어떤 긍정적인 결과가 오게 될지를 반복해서 알려주고 올바른 길로 이끌어줄 이가 필요하다.

간혹 가족이나 친구가 그 역할을 하게 되면 당사자는 자신을 간섭한다고 여길 수 있다.

"엄마가 자꾸 나한테 이러니까 내가 술을 더 마시고 싶잖아! 내가 이렇게 알코올 중독자가 된 건 다 엄마 때문이야!" "누나, 그놈의 잔소리 좀 그만해. 내가 왜 이렇게 게임만 하는지 알아? 누나랑 얘기하기 싫어서 그런 거라고!"

가족이나 친구들은 도우려는 것이지만, 정작 당사자는 그러한 관심으로 인해 오히려 스트레스를 받아 상황이 악화되는 것이라고 핑계를 댄다. 그러니 함부로 대할 수 없는 이들, 즉 앞서 이야기한 온라인 커뮤니티의 사람들이나 신뢰할 수 있는 전문가로부터 적절한 위로를 받고 함께 절제 계획을 짜는 것이 나을 수 있다는 것이다.

걱정도 습관이다

중요한 것은 포기하지 않는 마음

강렬한 욕망을 '영원히' 끊는 것은 정말 너무도 어려운 일이다. '그만둬야지' 결심하고 하루, 이틀, 한 주, 한 달, 1년을 중단한 사람도 또다시 원래대로 돌아가는 경우가 너무나 많다.

문제는 그렇게 한 번 실패하고 나면 '이왕 이렇게 된 거, 하고 싶은 걸 실컷 해보자'는 생각이 든다는 것이다. 그동안 꾹 참아왔던 욕망이 한꺼번에 봇물 터지듯 밀려오면서 해방감이 넘실거린다. 더 많이 마시고, 더 많이 먹고, 더 많이 판돈을 걸고, 더 많이 물건을 사고, 더 강렬하게 섹스를 한다. 처음에는 걱정도 없다. 한 달이나 참았으니까, 몇 달이나 참았으니까, 1년이나 참았으니까 또다시 참을 수 있다고 스스로를 속이기도 한다. 그러나 이러다 예전 같은 문제가 생기는 건 아닐까 더럭 겁이 난다. 날아오는 카드값 청구서를 보면 덜컥 심장이 내려앉고, 자신을 철석같이 믿는 남편 혹은 아내가 내 이중생활을 눈치챈 것만 같아 오금이 저려온다. 자연히 거짓말이 늘어간다.

바로 그때 고백해야 한다. 내가 실패했다고, 하지만 용기 내어 다시 시작하겠다고.

이때 주변에 항상 처음처럼 칭찬해주고 격려해줄 누군가가 반드시 있어야 한다. 물론 실패가 거듭될 때마다 가족이나 친구들 가운데 그런 사람은 점점 줄어들 것이다. 그래서 오히려 전문가나 커뮤니티에서 만난 같은 처지의 사람이 더 유용하다.

다행인 것은 이런 실패가 반복되면서 점점 욕망을 참는 기간이 길어지고 그에 따른 행동 수위도 약해진다는 것이다. 그러다 보면 자신도 모르는 사이에 좋은 습관이 유지되고 문제 행동을 멀리하게 된다.

아무리 굳은 결심을 해도 단 한 번에 나쁜 습관이 사라지진 않는다. 하지만 열 번, 백 번, 천 번 실패해도 성공 확률은 여전히 남아 있음을 기억하자. 그렇게 많이 실패했는데도 포기하지 않았다는 것은 이번엔 성공할 수 있다는 의미일지도 모른다. 설혹 중간에 다시 원래 행동으로 돌아갔다 할지라도 중단했던 그 기간만큼은 자신이 원하는 삶을 산 것이다. 술을 한 달씩 끊고 또 마시기를 되풀이하더라도 술을 안 마신 기간이 술을 마신 기간보다 훨씬 더 길어진 것이고, 쇼핑을 한 달간 참다가 결국 카드 긁기를 되풀이하더라도 매일 쇼핑하는 것에 비하면 그 규모가 훨씬 더 작아진 것이다. 무엇보다 포기하지 않는 것이 가장 중요하다는 얘기다.

걱정도 습관이다

나란 사람 이해하기
실천 Tip 7

~~~~~~~~~~~~~~~~~~~~~~~~~~~~~~~~~~~~~~

스스로의 문제를 인정할 것

'이 정도는 내가 마음만 먹으면 얼마든지⋯⋯'라는 생각이 들 때마다 이 질문을 꼭 함께 떠올리는 습관을 들여라. '그래서 내가 이 문제를 해결했던가?' 물론 그렇지 않았기 때문에 이런 질문을 계속 떠올릴 수밖에 없는 것일 터. 이제 그만 나 스스로 이 문제를 해결할 수 없다는 점을 인정해야 한다.

공표하되 좋은 대상에게 할 것

나의 문제에 대해 사실대로 털어놨을 때 이것을 자기 입장에서 함부로 재단한다거나 지나친 조언(혹은 잔소리)을 해주려는 사람은 피하라. 이런 점에서 보면 오히려 자신과 비슷한 문제를 갖고 있는 사람들이나 관련 분야의 전문가를 만나 이야기를 나누는 편이 훨씬 나을 수 있다.

실패했다고 느낄 때 다시 시도할 것

단 한 번의 강한 노력만으로 욕망과 관련한 문제를 완전히 해결하는 이는 거의 없다. 이 점을 명심해야 한다. 잘 참아왔지만 또다시 욕망에 굴복했을 때 '나 같은 게 그렇지, 뭐'라고 체념하기 전, '다시 처음부터 시작이다'라는 마음을 가질 필요가 있다. 이런 수많은 실패 경험이 쌓여야만 성공에 더 근접한다. 이렇게 당신이 포기하지 않을 수 있게 옆에서 힘을 북돋아주는 조력자가 있다면 좀 더 쉬워질 것이다.

일상 속의 작은 노력

"내 머릿속 근심과 걱정,
무엇으로 쫓아낼까?"

'나는 이제부터 다른 사람이 될 거야.' 정말 이를 악물고 결심했는데도 우리가 쉽게 바뀌지 못하는 이유는 무엇일까? 두말할 것도 없이 바뀌어가는 과정이 괴롭고 힘들기 때문이다. 시작할 때의 거창한 결심보다 중요한 것은, 그래서 매일매일 이어지는 일상의 작은 노력들이다. 물을 끓이면 처음에는 온도가 서서히 올라갈 뿐 물의 표면에는 변화가 없다. 불을 끄면 물은 다시 식는다. 이런 변화를 '가역적인 변화'라고 한다. 그런데 물의 온도가 100℃ 이상으로 올라가면 그때부터 물은 팔팔 끓어오른다. 이런 변화를 '비가역적인 변화'라고 한다. 불을 끄더라도 이미 증기가 되어 하늘로 달아난 물은 다시 돌아오지 않는다. 지속적인 노력으로 양적인 변화를 이어가다 보면 언젠가는 질적인 변화가 일어난다. 가역적인 변화가 비가역적인 변화가 되고, 연속적인 변화가 비연속적인 변화가 된다. 이렇게 지속적인 작은 노력이 쌓이다 보면 어느 순간 우리 삶에는 돌이킬 수 없는 변화가 일어난다. 그 순간 우리는 인생의 또 다른 단계로 진입한다.

걱정을 키우는
악순환을 끊어라

한때 '육각수六角水' 정수기가 큰 유행을 했던 적이 있다. 그런데 어떤 사람이 이 광고를 본 다음부터 '물이 육각으로 이루어졌다고? 그럼 물을 마시면 물이 내 위장을 찌르는 거 아니야?' 하는 터무니없는 상상을 하게 됐다. 그는 그동안 물이 둥글다고 생각해 마음 놓고 마셨는데 그 광고를 보고 나서는 물이 자신의 위를 아프게 할까 걱정이 되기 시작했다며, 왠지 차가운 물은 훨씬 뾰족할 것 같아서 꼭 미지근한 물만 마시게 됐다고 했다. 그런데 하필 그 시점에 몹시 스트레스를 받는 일이 있었던 그는 내시경검사에서 위염이 있다는 진단을 받았다. 자연히 육각수 때문에 위염이 생긴 것이란 생각이 더욱 강화되면서 그는 점점 더 큰 두려움에 빠졌다.

그가 의사를 찾아와 "육각수로부터 위장을 보호하려면 어떤 약을 먹어야 합니까?"라고 물었을 때 의사는 고민 끝에 위 점막을 보호하는 약을 처방해줬다. 그러면서 이 약을 먹으면 육각수의 공격(?)으로부터 위가 안전하게 보호받을 수 있을 것이라는 친절한 설명도 덧붙였다. 놀랍게도 이 말을 들은 환자는 이후 자신의 위장이 육각수 때문에 망가지면 어떻게 하나 하는 걱정을 덜하게 됐다.

이 사례는 정말 극단적인 경우에 해당하지만, 사실 생각이 꼬리에 꼬리를 물다 보면 발생할 가능성이 1%도 안 되는 최악의 상황까지 상상하게 된다는 사람들이 참 많다. 이렇게 생각이 점점 더 안 좋은 쪽으로 눈덩이처럼 커지면 어떤 방법을 써서라도 이것을 중단시킬 수 있어야 한다. 그렇게 한숨을 돌리고 나면 마음속에서 이성이 슬며시 고개를 들며 불안을 이겨내기 시작한다. 그러니까 불안에서 벗어나기 위해서는 생각의 꼬리를 잘라내야만 한다.

저와 한번 내기를 해보시겠습니까?

이제 겨우 초등학생인 아이의 미래를 지나치게 걱정하는 엄마가 있었다. 이 엄마는 아이가 공부를 못하면 좋은 대학에 못 가고,

걱정도 습관이다

좋은 대학에 못 가면 좋은 직장에 못 들어가고, 좋은 직장에 못 들어가면 실패한 인생을 살게 될 것이란 생각을 하나둘씩 하게 됐다. 어떤 날에는 아이가 친구를 잘못 사귀면 왕따를 당할 것이고, 왕따를 당하면 학교를 그만두게 될 것이고, 학교를 그만두면 실패한 인생을 살게 될 것이라는 생각도 들었다.

공부도 잘하고 인간성도 좋은 완벽한 성인이 되지 않으면 불행하게 살 것이라는 생각은, 조금이라도 이성이 있는 사람이라면 참 말도 안 되는 생각이라는 것을 알 것이다. 하지만 이 엄마는 내가 아무리 설득해도 생각을 바꾸지 않았다. 고민 끝에 나는 만 원짜리 한 장을 꺼냈다.

"저와 한번 내기를 해보시겠습니까?"

이게 무슨 뜬금없는 소리인가 싶어 눈만 깜빡이는 엄마에게 나는 이렇게 덧붙였다.

"저는 어머니의 아이가 그렇게 살지 않을 것이고, 행여 그렇게 산다 해도 결코 불행해지지 않을 거라는 데 만 원 걸겠습니다. 어머니는 어느 쪽에 돈을 거시겠습니까?"

엄마는 한참을 곰곰이 생각하더니 "저도 제 아이가 잘 지낼 거라는 쪽에 돈을 걸겠어요"라고 대답했다.

"그거 보세요. 실제로 걱정하시는 일이 일어나지 않을 거라는 걸 본인이 더 잘 알고 계시잖아요."

내 말에 그 엄마는 멋쩍은 듯 웃어 보였다. 대부분의 사람은 만약 진짜 불행이 닥칠 것이라는 생각이 들면 본능적으로 그에 맞추어 하나하나 대비해나간다. 불안해하고 걱정만 하면서 정작 행동에 나서지 않는다는 것은 결국 본인 스스로도 마음 깊은 곳에서는 '두려워하는 일이 실제로 일어나지는 않을 것'이라고 믿고 있음을 증명한다.

아직 벌어지지도 않은 일에 대해 걱정이 끊이지 않는다면 친한 친구와 내기를 한번 해보자. 만약 안 좋은 일이 일어날 것이라는 데 돈을 걸지 못하겠다면 그것은 나 자신도 그런 불행이 벌어지지 않을 것이라고 철석같이 믿고 있다는 뜻이다. 참으로 이상하지만 이렇게 우리는 자기 마음을 스스로도 잘 알지 못하는 경우가 많다.

걱정의 꼬리를 자르는 조금 비겁한 방법

어떤 사람이 죽고 싶을 정도로 괴로운 날이 있었다고 했다. 늘 그렇듯 불행은 한꺼번에 닥쳤다. 금전 문제, 가족 문제, 건강 문제가 엇비슷한 시기에 이 사람을 찾아왔고 그는 이 문제들을 어디서부터 어떻게 풀어가야 좋을지 모르겠다는 생각에 당장이라도 자살하고 싶다는 생각만 들었다.

그런 생각이 최고조에 이른 어느 날, 그는 무심코 TV를 보다가 어느 대기업 회장이 자살했다는 뉴스를 보게 됐다. 그러자 갑자기 정신이 번쩍 들었다고 했다.

'저렇게 다 가진 사람이 대체 왜 죽는 거야. 죽을 용기로 살아야지.'

그렇게 안타까운 마음이 들자 갑자기 나도 살아보아야겠다는 생각이 퍼뜩 들었다는 것이다.

사실 남의 불행에서 위안을 받는다는 것은 참 잔인하고 좀 비겁한 일이다. 하지만 이것은 어쩌면 굉장히 자연스러운, 인간의 슬픈 본성이기도 하다. 친구에게 고민을 털어놨을 때 친구가 나보다 더한 일을 겪고 있다고 말하면 우리는 왠지 '이 세상에서 나 혼자만 불행한 건 아니구나' 하는 생각을 무심코 하게 된다. 어디 그뿐인가. 봉사 활동을 다녀온 후나 TV에서 불우이웃 돕기 방송을 본 다음에는 '저렇게 힘들게 사는 사람들도 있는데, 나는 행복한 거였어'라고 자연스럽게 스스로를 위안하곤 한다.

나는 이것이 도덕적으로 올바른 방법이라고 말하지는 않겠다. 하지만 정말 마음이 괴롭고 고민의 꼬리를 자를 방도가 당최 보이지 않는 사람에게는 남의 불행을 통해 위로를 받고 살아갈 에너지를 얻는 것도 결코 나쁘지 않은 임시방편이라고 생각한다. 어쨌든 살 사람은 살아야 하지 않은가.

일본 영화감독 츠츠미 유키히코의 〈연애사진〉을 보면 "내가 남을 죽이면 인생이 아주 끔찍해지지만, 남이 나를 죽이게 되면 인생이 끝난다"라고 하는 대사가 나온다. 의사로 일하면서 가장 힘든 것 중 하나가 환자의 죽음을 보게 되는 일이었다. 정신과 전공의가 된 다음부터는 그럴 일이 별로 없었지만, 특히 암 병동에서 근무하던 인턴 때는 죽음을 참 많이도 봤다. 그때 그 많은 죽음을 대면하면서 나는 종종 '내가 살아오며 했던 고민들은 정말 아무것도 아니었구나' 하는 생각을 하게 됐다. 아무리 무거운 고민이라도 죽음과 비교하면 깃털같이 가벼울 수밖에 없다는 것을 깨달은 것이다.

그 후 고민으로 머리가 너무 아플 때면 가끔씩 묘지에 찾아가곤 한다. 수많은 사람들의 엄청나게 많은 고민들이 저 땅 밑에 묻혀 있는 것을 보면 지금 내가 안고 있는 문제들이 참으로 티끌같이 가볍게 느껴진다. 그리고 다시 한번 살아야겠다는 생각이 든다. 조금 비겁할 순 있어도 내 생각의 무게를 덜어내고 끝없이 이어지는 걱정의 꼬리를 자르는 데 이것이 꽤 괜찮은 방법일 때도 있다.

걱정도 습관이다

일상 속의 작은 노력
실천 Tip 1

~~~~~~~~~~~~~~~~~~~~~~~~~~~~~~~~~~~~

친구와 내기를 해볼 것

당신이 정말 마음 깊은 곳으로부터 이 걱정이 현실화될 것이라 믿는지 아닌지를 정확히 파악할 필요가 있다. 대부분의 사람은 현실화될 것이라 스스로도 믿지 않으면서 쓸데없는 걱정을 한다. 실제로 그런 일이 생길지 친구와 내기를 한다고 생각해보라. 생길 것 같다는 데 걸고 싶지 않다면 당신 역시 미래의 불행을 믿지 않는 것이다. 실체 없는 걱정에 마음 쓰는 사람은 아마도 없을 것이다.

타인의 불운을 통찰할 것

나의 상황보다 더 답이 없어 보이는 상황에 봉착한 타인의 이야기를 듣자. 나의 고민이 무척이나 하찮게 느껴질 것이다. 물론 이것이 근본적인 해결 방법은 아니다. 하지만 감정적 괴로움을 줄여주는 임시방편은 될 수 있다.

죽음을 생각할 것

만약 내가 내일 죽는다고 해도 이 많은 생각과 고민의 바다에 빠져 허우적대고 있을 것인가? 그런 사람은 단 한 명도 없을 것이다. 풀리지 않는 문제가 당신을 짓누를 때는 죽음에 대해 생각해보는 것도 방법이다. 역시나 고민의 무게가 한층 가벼워질 것이다.

내 감정의 주인이 되는
감정 일지를 쓰자

시어머니가 시도 때도 없이 찾아와 노이로제에 걸린 며느리가 있다. 이 며느리는 매일 아침 눈을 뜰 때마다 '오늘은 어머님이 몇 시쯤에나 오실까' 하는 생각부터 든다. '혹시 내가 씻을 때 벌컥 문 열고 들어오시는 건 아닐까' '밥 먹은 직후에 오셔서 설거지 안 해놨다고 타박하시진 않을까' 하는 생각에 얼른 씻고 집안 구석구석 청소부터 한다.

사소한 것 하나하나까지 트집 잡는 남자친구 때문에 미칠 지경인 여자도 있다. 이 여자는 남자친구 잔소리가 두려워 알아서 긴 치마를 입고 파마도 하지 않으며 말 한마디까지 늘 신중하게 꺼낸다.

통장에서 카드값 빠져나갈 날짜는 시시각각 다가오는데 이

핑계 저 핑계를 대며 월급을 미루는 사장 때문에 속이 타는 아르바이트생도 있다. 그런가 하면 아무리 열심히 해도 오르지 않는 시험 점수를 보며 머릿속이 복잡해지는 학생, 이유 없이 질책하는 상사로 인해 스트레스받는 부하 직원, 점점 손님이 줄어들어 조만간 가게가 망할 것 같은 불안감에 시달리는 사장도 있다. 생각해보면 지뢰밭같이 고민거리가 여기저기에 널린 세상이다.

이렇게 걱정이 밀려올 때 우리가 느끼는 가장 강렬한 감정은 바로 불안과 두려움이다. 이는 우리에게 혹은 주변 사람들에게 안 좋은 일이 벌어질까 봐 생겨나는 감정이다. 그러다 실제로 고민이 현실로 드러날 경우 우리는 화가 나고, 실망하고, 좌절하고, 슬퍼하고, 때때로 죄책감도 느낀다.

결국 열쇠는 '감정'이다. 우리의 머릿속에 꽉 찬 이 수많은 부정적인 감정들을 말끔히 비워낸다고 생각해보자. 상상만으로도 한결 머릿속이 깨끗해지는 것 같지 않은가? 바로 이런 점에 착안하여 인지행동치료를 할 때는 '감정 일지' 쓰기가 가장 많이 활용된다.

감정 일지 쓰기 Part 1
감정에 점수 매기기

먼저 현재 내 머릿속을 지배하는 가장 걱정되는 일, 즉 가장 큰 고민거리를 적어본다. '직장에서 곧 해고될 것 같다' '시험을 완전히 망칠 것 같다' '남자친구에게 버림받을 것 같다' '이번 작업의 마감 기한을 지키지 못할 것 같다'와 같이 가능하면 고민거리를 구체적으로 적는 것이 좋다.

두 번째로 이 고민거리와 관련된 감정이 어떤 것인지 골라본다. 고민거리와 관련된 가장 흔한 감정은 아래와 같다.

누군가로부터 버림받을까 봐 걱정된다면 두려움, 분노, 고독, 슬픔 등의 감정이 관련될 것이다. 대출금 상환 기한을 연장하고 싶은데 그것이 안 될까 봐 고민이라면 불안, 좌절, 슬픔, 스트레스 등이 관련될 것이다.

이렇게 해당되는 감정을 골라서 적은 다음에는 각각의 감

걱정도 습관이다

정에 대해 임의로 점수를 매겨보자. 10점 만점으로 해도 좋고, 100%를 기준으로 해도 좋다. 예를 들어 암이 재발할까 봐 두려운 사람이 있다고 해보자. 가장 감정이 강렬할 때를 100%로 놓고 평상시 감정을 측정했을 때 '불안 80%, 슬픔 70%, 스트레스 80%'라는 식으로 쓰면 되는 것이다. 치매에 걸린 부모님을 요양원에 모시는 문제로 머리가 아픈 사람이 있다고 해보자. 10점이 가장 감정 상태가 강할 때라고 한다면 평상시에는 '죄책감 7점, 슬픔 8점, 스트레스 6점' 이런 식으로 쓰면 된다.

물론 우리의 감정을 정확히 측정할 수 있는 도구가 따로 있진 않다. 게다가 감정 상태는 시시때때로 변하게 마련이다. 다만 감정 일지를 쓰는 바로 그 순간, 자신의 상태에 집중해서 가장 솔직하고 직관적으로 들리는 마음의 소리에 귀를 기울일 필요가 있다. 여기에는 정답도 오답도 없으니 점수를 매기는 데 너무 크게 신경 쓸 필요는 없다.

점수를 매겼으면 이러한 감정을 불러일으키는 생각이 무엇인지 그 밑에 쓰면 된다. 예를 들어 아이가 학원이 끝나고 귀가 시간이 조금씩 늦어지고 있는데 혹시 PC방에서 몰래 게임을 하고 있는 건 아닐까 의심스러운 엄마가 있다고 해보자. 엄마는 분노, 당황, 좌절감을 느낀다. 이 엄마가 감정 일지를 쓰며 '분노 80%, 당황 60%, 좌절감 60%'를 매겼다. 그런데 그런 감정을 느끼면서 든 생각이 있을 것이다.

분노　게임을 하지 않겠다는 약속을 아이가 어겼기 때문에 화가 난 것이다. 이 녀석은 항상 엄마와의 약속을 어긴다.

당황　아이가 노는 것만 좋아하고 아무것도 잘하는 게 없다. 나중에 커서 뭐가 될까? 저러다 성공할 수 있을까?

좌절감　이 사실을 알고 화가 난 아빠가 아이를 때리게 되면, 이걸 어떻게 하나?

감정 일지 쓰기 Part 2
생각의 오류 찾아내기

나쁜 감정을 불러일으킨 생각을 적고 나면 그러한 생각이 어떤 유형의 잘못된 생각인지 목록에서 골라야 한다. 사람들이 흔히 범하는 생각의 오류는 다음과 같다.

• 과잉 일반화

딱 한 번 안 좋은 일을 겪은 후 자신에게는 매번 안 좋은 일만 생길 것이라고 여기는 경우다. 예를 들어 성격 차이로 이혼하고 나서 "남자들은 다 마찬가지야" "여자들은 다 똑같아" 같은 이야기를 하면서 "결혼은 미친 짓"이라고 성급하게 과격한 결론을 내는 사람들이 그렇다.

• 장점 깎아내리기

자신이 여태까지 이루어놓은 것 혹은 자신의 장점을 스스로 무시한다. 성격 좋기로 평판이 자자한 사람이 "얼굴이 예쁘지 않은데 성격이 아무리 좋다고 해봤자 어디다 써?"라고 한다거나 얼굴예쁜 사람이 "난 학벌도 별로고 돈도 없는데, 예쁘다고 해봤자 무슨 소용이야"라고 생각한다거나 하는 식이다.

• 자기 비난

모든 일이 자신의 책임이라고 생각한다. 아이가 잘못을 저지르면 "다 내가 잘못 키워서"라고 하는 엄마나 아내에게 중병이 생겼을 때 "다 내가 스트레스를 많이 줘서"라고 하는 남편의 경우가 그렇다.

• 마음의 색안경(선택적 추상화)

현재 가지고 있는 나쁜 생각을 더 강화시키는 것만 보고 그에 반대되는 것은 보지 못한다. 그동안 상대에게 열 번 잘해줬던 사람이 한 번 잘못을 저질렀을 때, 자신이 잘해줬던 것은 생각지도 않고 상대가 무조건 자신을 싫어할 것이라고 생각하는 경우가 있다. 혹은 직장 분위기가 좋아서 잘 다니다가 자신이 작은 오해를 받는 일이 생기자 그간 좋았던 직장 생활은 깡그리 무시하고 "이회사 분위기가 왜 이래?"라고 소리를 지르며 그만두기로 결심하는 사람도 있다.

• 이분법적 사고(흑백논리)

분명 양극단 사이에는 다양한 스펙트럼이 존재함에도 불구하고 오로지 양극단만 있다고 믿는 경우다. 쉽게 말해 '내가 맞고 남이 틀린 것'이라고 생각한다는 것인데, 이런 생각을 가진 사람들은 옳고 그름에 유독 집착한다. 이들은 남이 옳으면 내가 틀린 것이 되므로 끊임없이 자신이 옳다는 사실을 설득하려고 애쓴다. 나와 다른 의견을 가진 사람을 받아들이지 못하고 무조건 배척하려 든다. 그런가 하면 세상에 완벽하게 좋은 경우와 완벽하게 나쁜 경우만이 있다고 생각하는 사람도 있다. "공무원이 최고의 직업이지. 정년 보장되고, 연금도 나오고. 일반 직장에 다니는 사람들은 언제 잘릴지 모르는 거잖아? 쓸데없이 회사 다닐 생각이나 사업할 생각 말고 공무원 시험 준비하는 게 최고라고"라고 말하는 사람이 이런 부류다. 이들은 공무원 시험에 떨어지면 세상이 끝장난다고 믿으며, 공무원 외에도 할 수 있는 일들이 많다는 점을 전혀 받아들이려 하지 않는다.

• 그릇된 마음 읽기(잘못된 심리 추측)

사실을 제대로 확인하지도 않고 사소한 행동을 가지고 타인의 마음을 추측하는 것이다. 퇴근하고 동료들과 술을 마시는데 아내가 전화라도 하면, 남편은 아내가 집에 일찍 들어오라고 전화한 것이라 지레짐작한다. 그래서 화부터 내고 봤는데, 나중에 알고 보니 아내는 아이가 열이 나서 전화를 한 것이었다. 이런 경우는 수없이 많다. 누군가 나를 보고 웃는다. 그 사람은 내가 마음에 들어서 웃은 것일 수도 있는데, '저 사람이 날 비웃는 건가?'라고 혼자 불쾌해할 수 있다.

• 점쟁이 오류

다른 가능성은 고려하지 않고 미래가 나쁘게 될 것이라고만 예상하는 것이다. 팥빙수 가게 사장이 겨울에 손님이 적은 것을 두고 "지금이 비수기라 장사가 잘 안 되는 걸 거야"라고 말하지 않고 "이런 식으로 가다가는 여름에도 가게가 텅텅 빌 거야"라고 절망에 빠지는 식이다.

• 과대평가 혹은 과소평가

상황을 실제보다 더 나쁘게 생각하는 것이다. 가계부를 쓰던 주부가 대출 이자를 내고, 세금을 내고, 생활비를 쓰고 나면 남는 돈이 없다고 고민에 빠지는 것도 여기에 해당된다(적자가 나지 않은 것만도 얼마나 다행스러운 일인가!). 아이가 반에서 중상 정도의 성적을 유지하고 있는데도 '이런 식으로 가다간 서울대에 못 갈 거야'라며 아이 실력으로 정말 닿기 힘든 목표를 혼자 설정한 후 괴로워하는 경우도 있다.

• 판단하고 명령 내리기

무언가를 무조건 해야만 한다고 스스로에게 명령을 내린 후, 그 명령을 반드시 지켜야만 한다고 생각하는 것이다. 예를 들어 '이혼은 무조건 안 된다'라고 생각하는 사람이 있다고 하자. 이런 사람은 혹시나 배우자 입에서 이혼하자는 말이 나오게 될까 봐 마음속에 있는 불만을 털어놓지 못한다. "직장에 한번 들어가면 무조건 10년은 다녀야지"라고 단호하게 이야기하는 사람의 경우 너무나 일이 싫고 사람이 미워도 억지로 회사에 다닌다. 때로는 남에 대해서도 '이래야만 한다' '저래야만 한다'는 식으로 자기 생각을 강요하기도 한다. 그러면서 남이 자신의 기준에 맞춰 움직이지 않으면 어쩌나 하는 쓸데없는 고민에 빠지기도 한다.

• 재앙화

앞서 소개한 개념으로 사소한 일이 벌어져도 항상 최악의 경우만 생각하는 것이다. 계단을 오른 뒤 숨이 조금만 차도 '이러다 심장이 멈출지도 몰라'라고 걱정하는 사람, 비행기가 일시적 난기류에 떨리기라도 하면 '좀 있으면 추락할 거야'라고 두려움에 떠는 사람, 발표를 하다 말실수라도 하면 '상사가 화가 나서 나를 곧 잘라버릴 거야'라고 생각하는 사람 모두 여기에 해당한다.

걱정도 습관이다

• 남 탓으로 돌리기

무언가 일이 잘못되면 무조건 남 탓으로 돌리는 것이다. 이런 사람들은 일이 잘못되면 어쩌나 하는 걱정이 들기 시작하면 동시에 그 잘못의 원인을 남에게 돌리면서 상대에게 몹시 분노를 느낀다. 친구가 의견을 물어서 한마디를 했는데 지나고 나서 '친구가 혹시 그 말을 듣고 나를 미워하게 되는 건 아닌가'라는 생각이 들면 '왜 그 자식은 내가 싫다는데도 계속 말을 해보라고 해서 내가 그런 말을 하게 만들어?'라며 정작 아무 말도 한 적 없는 친구를 원망하게 되는 식이다.

• 감정적 추론

느낌만 가지고 모든 것을 판단하는 것이다. 상사는 특별히 할 일이 없어서 일을 시키지 않았는데, 부하 직원은 자신이 일을 못해서 그런 건 아닐까 생각하며 스스로를 무가치한 존재라고 평가 절하한다. 엄마는 돈이 없어서 게임기를 못 사준 것뿐인데, 아이는 엄마가 자신을 사랑하지 않아서 사주지 않은 것이라고 오해하기도 한다.

• 나쁜 별명 붙이기

'어쩌다 한 번' 생긴 일을 가지고 스스로를 규정짓는 것이다. 어쩌다 한 번 실수한 걸 가지고 자신을 '바보'라고 생각한다. 어쩌다 한 번 실패한 걸 가지고 자신을 '패배자'라고 생각한다. 어쩌다 한 번 남의 마음을 아프게 한 걸 가지고 자신을 '나쁜 놈'이라고 생각한다.

아이가 PC방에서 게임을 하느라 집에 늦게 들어오는 것이 아닌가 하고 의심하고 걱정하던 엄마. 그녀는 이 중에서 어떤 생각의 오류를 범하고 있는 것일까?

분노 게임을 하지 않겠다는 약속을 아이가 어겼기 때문에 화가 난 것이다. 이 녀석은 항상 엄마와의 약속을 어긴다.

→ **마음의 색안경.** 아이가 약속을 잘 지킨 일도 분명히 있었을 텐데, 엄마는 화가 난 나머지 이 사실을 까맣게 잊어버렸다.

당황 아이가 노는 것만 좋아하고 아무것도 잘하는 게 없다. 나중에 커서 뭐가 될까? 저러다 성공할 수 있을까?

→ **점쟁이 오류와 이분법적 사고, 과소평가.** 아이가 나중에 실패할지 성공할지는 아무도 모르는 일이다. 게다가 아이가 성공하지 않더라도 나름대로 잘 살아갈 수 있다는 생각을 하지 못하고 있다. 또한 아이가 실제로 게임하는 시간이 다른 아이에 비해 많은 편이 아닌데도 엄마는 아이가 노는 것만 좋아한다고 단정을 지어버렸다.

좌절감 이 사실을 알고 화가 난 아빠가 아이를 때리게 되면, 이 걸 어떻게 하나?

→ **재앙화.** 아빠가 아이를 때리게 되는 최악의 경우만 생각하고 있다.

감정 일지 쓰기 Part3
달라진 감정 상태 확인하기

여기까지 정리됐으면 생각을 바꾸기 위한 노력을 하기 전에 느꼈던 분노, 당황, 좌절감에 대해 다시 살펴보자. 그리고 감정에 다시 점수를 매겨보자. 자기가 느낀 감정이 얼마나 잘못된 것인지 깨닫고 나면 80%였던 분노가 50%로, 60%였던 당황이 40%로, 60%였던 좌절감이 30%쯤으로 줄어들어 있을 것이다. 이로써 머릿속에서 윙윙대던 복잡한 걱정거리가 한결 깔끔하게 정리되면서 그만큼 감정 상태도 차분하게 바뀔 것이다.

　물론 감정에 압도되어 생각할 힘조차 없을 경우에는 감정 일지를 작성하는 것 자체가 무척 어려운 일일 수 있다. 하지만 생각이 너무 많아져 머리가 터질 것 같다는 느낌이 들 때마다 습관처럼 감정 일지부터 꺼내자. 처음이 어렵지, 한두 번 지속하다 보면 나중에는 그야말로 버릇처럼 몸에 익어 훨씬 쉬워질 것이다.

나아가 이렇게 감정 일지를 꺼내서 바라보는 것만으로도 자동적으로 나쁜 생각이 줄어들곤 할 것이다. 감정 일지를 쓸 때마다 나쁜 감정이 사라졌던 경험이 자연스럽게 함께 떠오르기 때문이다. 습관의 힘이란 이다지도 무섭다.

걱정도 습관이다

일상 속의 작은 노력

실천 Tip 2

감정 일지 쓰는 순서를 한 번 더 확인해두자.

- 고민거리를 구체적으로 쓴다.

- 이 고민거리와 관련된 감정을 감정 목록에서 선택하여 적어본다.

- 각각의 감정에 점수를 매긴다.

- 그러한 감정을 불러일으킨 생각을 옆에 쓴다.

- 자신이 적은 생각이 생각의 오류 목록 가운데 어디에 해당하는지 찾아본다.

- 잘못된 생각에 대한 반대 생각을 써본다.

- 앞서 선택한 감정 목록에 다시 한번 점수를 매긴다. 점수에 변화가 있다면 그만큼 걱정은 줄어들 것이다. 만약 점수에 변화가 없다면 다시 한번 시행한다.

비밀을 없애거나
토로할 구멍을 뚫거나

비밀이 많은 사람은 드라마에나 등장할 법하다고 생각할지 모른다. 그런데 생각해보면 평범한 사람들 누구나 비밀 몇 가지쯤은 간직하고 살아간다. 아무에게도 말하지 않고 혼자만 간직한 비밀도 있을 테고, 가족들만 알고 있는 비밀도 있을 테고, 아주 친한 친구 외에는 알리지 않은 비밀도 있을 수 있다.

문제는 비밀이 많으면 많을수록 더욱 불안해지는 것이 인간의 심리라는 것이다. 그 비밀이 나에게 상처가 되는 것이라면 혼자 계속 곱씹으며 가슴 아파한다. 만약 나에게 치명타가 될 수 있는 것이라면 행여 주변에 그 비밀을 들킬까 봐 겁이 나고 두려울 것이다.

애초 비밀 따위가 없다면 쓸데없는 마음고생을 할 필요도 없지 않을까? 그런데 우리는 대체 왜 비밀을 만들어 이렇게 사서 고생을 하는 것일까?

불안한 걸 알면서도 우리가 비밀을 만드는 이유

우선 자신의 치부를 감추고 싶은 경우다.

어려서 부모가 이혼하고 보살펴줄 사람이 없어 친척 집을 전전하며 너무나 힘들게 살아온 사람이 있었다. 그는 비록 어려운 환경에서 자랐지만, 똑똑하고 성실한 데다 용모까지 귀티가 풍겼다. 명문대를 졸업한 후 번듯한 직장에 취직한 그는 동료들에게 선망의 대상이 됐고, 어느새 그의 집안이 명문가라는 둥 돈이 엄청 많다는 둥 소문까지 나고 말았다.

그는 자신이 힘들게 자랐다는 것을 굳이 동료들에게 얘기하고 싶지 않았다. 집안 좋다는 소문을 듣고도 이에 대해 부정하지 않았다. 그렇게 시간이 흐르자 점점 소문은 기정사실이 되어버렸고, 그는 남들이 자기의 과거를 알아챌까 봐 두려워지기 시작했다. 어느 순간부턴가 그는 슬쩍슬쩍 거짓말도 하게 됐다. 사랑하는 여자가 생겨 깊은 관계가 됐는데도 차마 여자에게 진실을 말할 수가 없었다. 결혼 얘기가 오가자 더럭 겁이 났다. 이미 따로 가정을 이루고 살며 자신과 몇 년째 연락도 안 한 부모를 여자에게 소개시킬 생각을 하니 눈앞이 캄캄했다. 차라리 여자를 그만 만나고 싶다는 마음까지 들었다.

다음으로 그냥 거짓말을 하는 것이 더 편하다고 느끼는 경우도 있다.

대학에 처음 들어간 딸이 부모에게 공부하는 것도 힘들고 친구 사귀기도 어렵다고 털어놨다. 그러자 부모는 마치 큰일이라도 난 것처럼 호들갑을 떨며 지나치게 반응한다. 부모는 자식을 위하는 마음으로 그렇게 행동했겠지만, 딸은 매일 학교 앞까지 자신을 데려다주고 자신에게 쉬는 시간마다 전화해서 괜찮으냐고, 필요한 것 없느냐고, 친구들이 괴롭히면 말만 하라고 하는 부모가 너무 부담스럽다. 그렇다 보니 이제 안 좋은 일이 생기면 일단 부모에게는 숨기고 본다. F학점이 줄줄이 나와 휴학을 신청한 것도, 미팅에서 만난 남자친구와 사귀기 시작한 것도 꼭꼭 숨긴다. 그러자 부모 간섭도 덜해지고 마음도 훨씬 편해졌다.

하지만 편해서 시작한 거짓말도 점점 쌓이다 보면 압박감이 커진다. 상대가 그 사실을 알게 되는 순간 나에게 배신감을 느끼고 나를 심하게 비난할까 봐 두렵다. 어느 순간부턴가 거짓말을 하는 데서 오는 편안함보다는 거짓말을 들킬까 봐 조마조마한 마음이 더 커지기 시작한다.

한편 자신의 이익을 위해 고의적으로 거짓말을 하는 경우가 있다.

걱정도 습관이다

남에 대해 안 좋은 소문을 퍼뜨리고 다니는 사람은 내가 그랬다는 것이 알려질까 봐 걱정이 된다. 이들은 어차피 갚을 능력도 없고, 갚을 생각도 없으면서 돈을 빌리기도 한다. 고의적인 거짓말을 하고 이익을 얻게 되면 그때는 다른 사람들이 바보같이 느껴진다. 이렇게 편한 길이 있는데 정직하게 사는 이들이 이해가 안 간다. 자신이 거짓말을 하면 다른 사람들이 다 믿는 것 같다.

그런데 이런 행동에 익숙해지면 결국 타인들도 무의식적으로 내가 거짓말을 한다는 것을 눈치채게 된다. 아무리 그럴듯하게 말을 해도, 표정이 진지해도, 불안하지 않은 모습을 보여도 무의식적으로 '저 사람을 믿어선 안 된다'는 느낌을 받기 때문이다. 결국 남을 속이기 위해 더 강한 거짓말을 하거나 자신의 말에 속아 넘어갈 만한 더 어수룩한 상대를 찾아야 한다.

이 정도 수준까지 오면 거짓말이 들통나는 것 자체보다는 나중에 이런저런 손해를 입게 될까 봐 두려워진다. 거짓말이 심한 경우 법적 처벌을 받을 수도 있는 것이다.

가장 억울한 것은 남의 비밀에 말려들 때다.

친구들 사이에서도 '어느 한 친구가 모르게 해달라'며 곤란한 부탁을 해오는 녀석들이 한두 명쯤 있다. 아빠는 모르게 해달라면서 엄마가 자녀에게 부탁을 하는 경우도 있고, 우리 아들한테는 모르는 척 해달라면서 시어머니가 며느리에게 거절하기 어려운 부탁을 하는 경우도 있다. 직장에서도 꼭 비밀로 해달라고 하면서 부하 직원에게 부탁을 하는 선배나 상사가 있다.

이렇게 남의 비밀에 휘말리면 내 인생이 피곤해진다. 상대를 보호해주기 위해 아무리 열심히 노력해도 결과가 안 좋으면 비난받게 된다. 기껏 부탁을 모두 들어주고 비밀도 지켜줬는데, 나중에 주변에 이상한 소문이 돌거나 일이 틀어지면 "다 너 때문이야"라는 비난을 한몸에 받게 되는 것이다.

결국 부득이하게 비밀을 만들든, 고의적으로 만들든, 내 비밀에 남을 관여시키든, 남의 비밀에 내가 관여하게 되든 비밀이라는 것은 감정적으로 우리를 힘들게 만들 수밖에 없다. 실제로 비밀이 밝혀졌을 때 어떤 여파가 있을지는 상황에 따라 다르겠지만 비밀이 밝혀지기 전까지는 누구라도 끊임없이 신경이 곤두서 있을 수밖에 없기 때문이다.

누구에게, 어떻게 털어놓을까

가장 좋은 것은 애초 비밀을 만들지 않는 것이다. 특히 골치 아픈 일에 휘말리고 싶지 않고 복잡하게 머리를 굴리기도 싫은 사람이라면 인생을 살면서 되도록 비밀을 만들지 않아야겠다는 다짐을 하고 또 해야 한다.

하지만 이런저런 상황상 비밀이 생기게 됐고 이 비밀 때문에

걱정도 습관이다

고민이 자꾸만 생겨난다면 다른 사람에게 솔직하게 털어놓는 것 자체가 해결의 열쇠가 될 수 있다. 가정 폭력, 아동 학대, 상습적인 성추행 같은 극단적인 경우도 누군가에게 알려지며 경찰에 신고가 되고, 가해자가 처벌을 받아야 해결이 된다. 외도 역시 배우자가 그 사실을 알기 전까지는 멈춰지지 않는다. 더는 안 된다고 생각하면서도 '한 번만 더, 딱 한 번만 더'라는 마음이 슬며시 끼어들기 때문이다. 어쩌다 들통날 위기에 처하기도 한다. 그러다 아슬아슬 그 위기를 넘기면 '다시는 그러지 말아야지' 하고 놀란 가슴을 쓸어내린다. 하지만 여기서 멈추지 못하는 사람들이 태반이다.

살면서 어쩌다 갖게 되는 비밀도 마찬가지다. 우리가 고해성사를 하는 이유는 그로 인해 자신의 잘못이 사라질 것이라 생각하기보다 누구에게도 꺼내지 못했던 이야기를 털어놓음으로써 해방감을 느끼기 때문이다. 수년간 지속한 짝사랑이든, 시험 시간에 몰래 저지른 부정행위든, 우연히 목격한 친구의 불륜 현장이든 계속 내 마음 상태를 어지럽히고 생각을 교란시키는 일이 있다면 혼자서 끙끙 앓지 말고 최소한 신뢰할 수 있는 한 사람에게라도 털어놓는 것이 좋다.

아무리 찾아보아도 그런 상대가 없다면 일기를 쓰는 것을 권한다. 괜히 '비밀 일기'라는 말이 있겠는가. 감정 일지가 자신의 감정 상태를 객관적으로 바라보게 함으로써 스스로를 냉정하게

2단계: 일상 속의 작은 노력

만들어주는 역할을 한다면, 일기는 자신의 뒤죽박죽인 마음을 날 것 그대로 토해내어 해방감을 느끼게 해주는 역할을 한다.

글에는 참 큰 힘이 있는 것 같다. 아무리 분노가 끓고 슬픔이 차올라도 자신의 생각을 몇 글자 휘갈기는 것만으로 감정이 어느 정도 해소되고 마음이 편안해진다. 장담한다. 때로는 사람에게 비밀 이야기를 하는 것보다 이렇게 글을 쓰면서 마음을 푸는 것이 훨씬 효과적이다. 꼭 해보라.

이처럼 토로할 창구를 만들어야 한다는 것이 중요하다. 웬만하면 비밀을 만들지 않고 살아가는 게 가장 현명한 일이겠지만.

걱정도 습관이다

일상 속의 작은 노력
실천 Tip 3

애초 비밀을 만들지 말 것

사람들은 보통 곤란한 상황에 처할수록 진실을 숨기려는 경향이 있다. 업무 문제 등으로 반드시 비밀을 지켜야 하는 경우가 아닌 이상 솔직하게 처신하자. 영어 속담 중 '정직이 최상의 방책이다Honesty is the best policy'라는 말은 대부분의 경우 진리다. 괜히 문제를 축소하려고 진실을 왜곡했다간 훗날 문제가 더 커져 손쓸 수조차 없게 된다.

믿을 만한 토로 창구를 만들 것

친구도 좋고, 고해성사를 들어주는 신부님도 괜찮다. 고민거리가 있을 때 어떻게든 스스로 삭이고 해결하려는 것은 좋은 방법이 아니다. 특히나 비밀을 지키는 게 너무 힘들 때는 "임금님 귀는 당나귀 귀!"라고 시원하게 외칠 수 있는 믿을 만한 '대나무 숲'을 하나 구해보자.

일기를 쓸 것

정말 누구에게도 말하고 싶지 않은 비밀이라면 일기에라도 쓰자. 어린 시절 우리가 짝사랑하는 반 친구나 동네 오빠, 누나를 생각하며 썼던 일기를 기억하는가? 그때 일기는 우리를 조용히 다독여주는 고마운 친구였다. 너무나 부끄러운 일이라서 혹은 두려운 생각이어서 누구에게도 털어놓고 싶지 않다면 일기를 쓰며 마음을 진정시키는 것도 좋은 방법이다.

'나는 나, 너는 너'의
영역 지키기

사랑에 빠진 연인들만큼 고민 많은 족속도 드물 것이다. 평소에는 자신감이 넘치던 이들도 연애를 하게 되면 행여나 상대가 나를 좀 덜 멋지게 혹은 덜 예쁘게 보는 것은 아닐까 무척 신경 쓴다. 나의 외모, 행동, 습관이 상대 마음에 들지 않을까 봐 전전긍긍이다. 어떻게 해서든 나의 좋은 모습만 보이고 싶어 평소와 다르게 행동하고 좋은 말만 하기도 한다.

그런데 이렇게 상대 입장에서만 계속 생각하고 상대에게 자신을 맞추려고만 하다 보면 점점 불안해지게 마련이다. 사람의 머릿속에는 누구나 '나는 나'라고 생각하는 영역이 있다. 사랑을 하면 그 영역이 허물어지는데, 이로 인해 나의 자아 경계가 불확실해진다. 항상 마음에 벽을 세우고 사는 사람조차 그 벽에 구

걱정도 습관이다

명이 뚫리고 만다. 프랑스의 정신분석가 줄리아 크리스테바_{Julia} Kristeva는 저서 《사랑의 역사》에서 이러한 혼란으로부터 벗어나기 위해 다시 경계를 분명히 하고자 하는 과정 도중 불안이 샘솟는 것이라고 기술하기도 했다.

상대와 나 사이에 벽을 다시 세우려면 서로 간에 거리가 필요한데, 이를 어렴풋이 깨달을 즈음부터 상대의 단점이 눈에 띄기 시작한다. 이로 인해 사소한 것으로도 크게 싸우게 된다. 사랑에 빠진 연인들은 상대에게 문제가 있어서 이런 싸움이 일어난다고 생각하지만, 사실은 서로의 자아 경계가 허물어지는 데서 오는 불안감과 이를 다시 세우는 과정에서 보게 되는 서로의 단점 때문에 싸움이 발생하는 것이다.

이렇게 단점도 보고 싸움도 하며 급속히 가까워졌던 두 사람은 둘 사이의 거리가 멀어지게 되면 자연스럽게 불안감도 사라진다. 하지만 지나치게 멀어졌다는 느낌이 무의식적으로 들 때는 다시 가까워진다. 그러다 지나치게 가까워졌다는 느낌이 무의식적으로 들면 사소한 일로 다투는 과정이 반복된다. 심지어는 처음에 무엇 때문에 싸우기 시작했는지 기억조차 나지 않을 때도 있다. 결국 싸움의 무의식적인 목적은 둘 사이에 적절한 거리를 확보하는 것인 셈이니 기억이 나지 않는 게 자연스러운 일일 수 있다. 그렇게 연인들은 멀어졌다 가까워졌다를 반복하면서 자아 경계를 지키며 서로 사랑하는 요령을 익히게 된다.

당신의 자아 경계선은 어떤 모양인가

연인의 경우 사랑이라는 감정이 워낙 강렬해 이런 과정이 눈에 띄게 드러나지만 사실 이는 모든 인간관계에서 흔히 볼 수 있는 패턴이다. 우연히 만나 급속하게 가까워졌던 친구와 평생 그 정도의 가까운 거리를 유지하는 경우는 별로 없다. 대부분은 어느 순간 관계가 확실히 멀어진다. 그러다 이런저런 계기로 다시 가깝게 지내기도 하는데, 이런 과정이 반복되면서 둘 사이에는 적절한 물리적·감정적 거리가 만들어진다.

이 과정이 매끄럽게 진행되지 않는 경우도 있다. 둘 사이에 일어난 다툼이 아름답게 해소되지 않는 것이다. 이는 개개인의 자아 경계선이 어떤 모양인지에 전적으로 좌우된다.

흔히 서로 싸우고 증오하던 이와 완전히 헤어지면 마음이 편할 것이라 생각하기 쉽다. 그러나 과연 그럴까? 처음부터 상대가 마음에 들지 않았고 그로 인해 많은 상처를 받아왔다면 그 관계는 끊어버리는 게 맞다. 하지만 지금 나에게 상처를 주는 이 사람이 혹시 이전에 나에게 기쁨을 준 적이 있지는 않았나? 지금 나와 이 사람의 감정이 딱 한 가지 색깔이라 단정할 수 있을까? 그렇지 않다면 이 갈등을 잘 해결하고 더 나은 관계로 한 발짝 나아갈 준비를 하는 것이 현명하다.

자아 경계선이 분명하면서도 유연한 사람은 자신의 마음을

걱정도 습관이다

잘 지키고 내 신념과 취향을 유지하면서도 상대와 잘 어울려 지낼 수 있다. 이런 사람들은 특히 갈등이 생겼을 때 상대와의 관계를 무 자르듯 딱 잘라 끝내는 것으로 손쉽게 문제를 해결하려 하지 않는다. 다소 감정적으로 힘들고 고되더라도 충분한 대화와 생각의 시간을 가지며 문제를 슬기롭게 해결한다.

또 하나, 자아 경계선이 튼튼한 이들은 상대가 뭐라고 해도 상처를 잘 받지 않는다. 필요하면 굽힐 줄도 안다. 자신의 잘못이 아니어도 곤란한 상황을 피하기 위해 미안하다고 할 때도 있다. 고객이 틀리고 자신이 맞더라도 고객이 우기면 잠깐 져줄 줄 안다. 고객과 의견 차이가 있을 때 고객을 논리적으로 설득해 자신이 옳다는 것을 증명하더라도 만약 그 고객이 졌다는 느낌에 사로잡히면 막상 그 물건이나 서비스를 구매하지는 않을 것임을 잘 아는 것이다.

이들은 남이 뭐라고 싫은 소리를 해도 잘 참아낸다. 어떤 점에서 보면 그다지 신경 쓰지 않는다. 남이 뭐라고 하건 '나는 괜찮은 사람'이라고 생각하며 즐겁게 살아간다. 특별히 큰 노력을 기울이지 않는데도 세상의 이런저런 자극으로부터 자동으로 자신을 보호한다. 그렇기 때문에 걱정도 적다.

하지만 자아 경계선이 너무 두껍고 융통성이 없는 사람은 타인과의 감정 교류를 어려워한다. 특히 갈등이 발생했을 때는 순식간에 분노에 휩싸여 상대를 비난하며 관계를 엉망진창으로 만들어버린다. 이들은 이로 인해 큰 손해를 보지만 불행 중 다행으로 감정적으로는 크게 힘들어하지 않는 편이다.

정말 문제는 자아 경계선이 너무 얇은 사람들이다. 이들은 쉽게 흔들리고 남을 늘 의식하고 있으며 갈등 자체를 두려워한다. 그래서 웬만하면 상대에게 자신을 맞추려고 하다 스트레스를 받는다. 남을 실망시킬까 봐 항상 걱정이어서 자신이 하고 싶은 일을 하기보다 남이 원하는 일을 하려고 한다.

때로는 상대가 원한다는 이유만으로 하고 싶지도 않고 능력도 안 되는 일에 매달리며 심하게 마음고생을 한다. 차라리 '나도 원래 이 일이 하고 싶었던 건데, 뭐' 하며 스스로의 마음을 속이는 게 속 편하다고 느낄 정도다.

하지만 무의식마저 속일 수 있을까? 의식 차원에서는 이것이 내가 원하는 것이라고 느끼더라도 무의식 차원에서는 자꾸만 거부감이 느껴진다면?

재미있게도 사람은 이런 경우 전혀 의도치 않게 게으름을 피우게 된다. 늦잠을 자거나 자꾸 깜빡하고 잊어버리는 식이다. 지난 일주일이 너무 피곤해서 이번 주말에는 집에서 쉬고 싶은 남자가 있다. 그런데 여자친구가 주말에 놀이공원에 가자고 조른다. 자기도 놀이공원에 가서 놀고 싶다고 얘기하며 흔쾌히 그러자고 했지만, 막상 당일이 되자 늦잠을 자고 약속을 까맣게 잊어버렸다. 여자친구는 어떻게 그럴 수 있느냐고 혀를 차고 남자도

걱정도 습관이다

자기가 왜 그랬는지 모르겠다고 답답해하지만, 글쎄, 집에서 쉬고 싶은 남자의 무의식이 그런 결과를 만들어낸 것은 아닐까?

결국 상대를 실망시키기 싫어 일단 알겠다고 하고 그에 맞추려고 노력한다 해도 우리 머릿속의 '나는 나' 영역은 어떤 상황에서든, 어떤 방식으로든 작동되는 법이다. 그러다 보니 어떻게 해서든 결론은 상대를 실망시키는 쪽으로 가게 된다. 더 큰 갈등을 만들기 싫어 "No"를 외치지 못하는 사람은 결국 자신의 그 선택 때문에 더 큰 갈등을 빚기 쉽다.

더 선명하고 유연한 자아 경계선을 위하여

나무는 기둥과 뿌리가 우람하고 건강해야 그 껍질도 단단하고 기능을 잘한다. 사람도 몸이 건강해야 피부에서 윤기가 줄줄 흐르고 안색도 빛이 난다. 마음도 그렇다. 마음 자체에 탄력이 있고 근육이 있어야 마음의 껍질, 마음의 피부에 해당하는 자아 경계선이 잘 형성된다. 즉 선명하고 유연한 자아 경계선을 지니기 위해서는 우선 자아가 잘 형성되어야 한다.

자아 경계선이 너무 두꺼워서 타인을 받아들이지 못하거나 자아 경계선이 너무 얇아서 타인의 영향을 지나치게 받을 때, 우리는 오로지 타인과의 관계에만 집중한다. 그러나 아무리 타인과 가까워지려고 해도 혹은 적당히 거리를 두려고 해도 생각만큼 잘 되지 않을 때가 많다. 당연하다. 내 자아가 온전치 않은데 어떻게 관계가 온전할 수 있을까? 우선 나 자신이 온전해야 나와 타인이 모두 포함된 관계 역시 괜찮아지는 것 아닐까?

그렇다면 온전한 마음은 어떻게 만들 수 있을까? 바로 즐겁게 살 때 가능하다. 그러려면 일과 휴식의 균형이 맞아야 한다. 외적 성공과 내적 성숙의 균형 역시 중요하다. 이런 조건은 하루아침에 충족할 수 있는 것이 아니다. 나의 자아 경계선을 멋지게 만들어가겠다는 생각을 꾸준히 지켜가면서 지속적으로 노력해야만 마침내 조금씩 발전해갈 수 있는 것이다.

즐겁게 살기 위해 잘 맞는 사람들과 행복하게 지내는 것만큼 필요한 일은 없다. 우리는 흔히 나와 잘 맞는 사람이 있고 잘 맞지 않는 사람이 있다고 말한다. 그런데 대체로 나와 잘 맞는 사람은 남과도 잘 맞고, 나와 잘 맞지 않는 사람은 남과도 잘 맞지 않는다. 성격 이상자가 그 누구와도 잘 지내지 못하는 반면 성숙한 인격을 갖춘 사람은 웬만한 사람들과 다 사이좋게 지낸다.

정신과 의사나 심리치료자 중에도 환자들이 유독 어려워하는 사람이 있다. 반면 상담실에 함께 있는 것만으로 환자들이 편하게 느끼는 사람도 있다. 전자와 후자의 차이는 바로 '마음 그릇의 크기'에 있다. 마음이 컵 하나만큼의 크기인 사람과 있으면 환자는 겨우 목을 축였다는 느낌을 받는다. 마음이 대야 하나만큼

걱정도 습관이다

의 크기인 사람과 있으면 환자는 왠지 마음이 씻겨 깨끗해진 듯한 느낌을 받는다. 마음이 수영장만큼 넓은 사람과 있으면 끝 모를 자유를 느낀다.

내 마음 그릇이 어느 정도 크기인지 생각해보자. "쟤는 도대체 왜 저러는 거야?"라고 화를 내기 전에, 내 작은 마음 그릇에 사람들의 마음이 온전히 담기길 기대하기 전에 상대 입장에서 좀 더 깊이 생각해보는 시간을 가질 필요가 있다. 타인의 마음은 어떤 점에서 물과도 같다. 내가 타인을 수용하게 되면 결국 내 마음 그릇에 타인의 마음이 담기고 내 마음도 가득 차오르게 된다. 그러면서 내 마음 그릇도 조금씩 더 커지고, 내 자아 경계선도 점차 또렷해지는 한편 유연해지는 것이다.

선명하고 유연한 자아 경계선은 다양한 사람을 대하면서 만들어진다. 혼자서 책을 읽고 생각을 많이 한다고 해서 만들어지는 것이 아니다. 그런데 애초 자아 경계선이 너무 경직되어 있거나 희미한 이들의 경우 사람을 대하다 보면 어려움이 있고, 어려움을 겪다 보면 자신감이 더욱 저하된다. 그렇기 때문에 사람들과 처음부터 너무 급속하게 가까워지는 것보다는 거리를 두면서 조금씩 가까워지는 쪽이 바람직하다. 생각해보라. 멀어졌다가 가까워지는 것은 쉽다. 하지만 가까워졌다가 멀어지기는 쉽지 않다. 일단 가까워졌는데 거리를 두게 되면 대체적으로 관계가 깨지고 만다.

2단계: 일상 속의 작은 노력

마지막으로 선생님에게 공부를 배우듯 마음을 다스리고 챙기는 것 역시 누군가에게 배워야 한다는 점을 강조하고 싶다. 간혹 어릴 때 어른스러웠던 아이가 성인이 된 후에는 대인관계에 어려움을 겪을 때가 종종 있다. 보통 알코올 중독인 무능력한 아버지가 어머니를 학대하는 것을 보며 자란 큰아들에게서 이런 경향이 두드러지는데, 이들은 대부분 어려서부터 가족을 돌보는 역할을 부여받는다. 그러다 보니 어린 나이에 응석을 부리지 못해서 무척 어른스러워 보인다. 나이가 들어서도 누군가를 만나건 자신이 남을 돌볼 때 편하다고 느낀다. 그렇게 받는 것은 없이 항상 주기만 하게 되는데, 어느 순간 주는 역할만 하다 보니 주면서도 스스로가 즐겁지 않게 된다. 항상 양보를 강요받는 것만 같다.

한편 누군가의 공격으로부터 자신을 방어하는 역할에만 익숙한 이들은 타인을 경계하고 공격적으로 대하게 된다. 그런가 하면 응석을 부려 남의 관심을 끌고 원하는 것을 얻어내는 역할에만 익숙한 이들은 어려운 일이 생기면 항상 뒤로 빠져서 어떻게 해서든 이기적으로 무임승차를 하려고 한다.

이들은 자아 경계선을 어떻게 잘 만들고 이를 바탕으로 어떻게 타인과 관계를 맺어야 하는지를 처음부터 하나씩 잘 배워나가야 한다. 그런데 인간의 학습 방법 중 가장 기본적인 것이 바로 '모방'이다. 말하는 것, 밥 먹는 것, 옷 입는 것 하나까지 우리가 삶의 가장 기본적인 것들 중 억지로 외워서 익힌 것은 하나도 없

걱정도 습관이다

다. 모두가 남이 하는 것을 보고 따라 하면서 익혔다.

마찬가지로 선명하고 유연한 자아 경계선을 지니기 위해서는 선명하고 유연한 자아 경계선을 지닌 이를 자주 만나야 한다. 주변에 유독 나를 편안하게 만들어주는 사람, 그런데 나뿐 아니라 따르는 이들이 참 많은 사람은 없는지 떠올려보자. 아마 한 명쯤은 그런 사람이 생각날 것이다.

그 사람이 나를 대하는 태도가 어떤지, 다른 이들을 대하는 말투와 표정은 어떤지 그 사람을 만날 때마다 유심히 관찰해보라. 이 책 전체를 통해 계속 강조할 얘기지만 좋은 사람이 되고 싶으면 좋은 사람을 주위에 두어야 한다.

일상 속의 작은 노력
실천 Tip 4

자신의 자아 경계선에 대해 인식할 것

자아 경계선이 선명하면서도 유연한 사람은 타인과 좋은 관계를 유지하면서도 웬만한 경우가 아니면 늘 좋은 기분을 유지한다. 그러나 자아 경계선이 너무 두꺼운 사람은 타인과 트러블을 많이 일으키고, 자아 경계선이 너무 얇은 사람은 타인에게 스트레스와 상처를 많이 받는다. 당신은 이 가운데 어떤 유형에 속하는지를 우선 파악하라. 이 책을 읽고 있는 사람이라면 아마 마지막 유형에 속할 가능성이 크다.

삶에서 끊임없는 즐거움을 찾기 위해 노력할 것

우선은 여유가 있어야 나 자신을 돌보는 것도 가능하다. 일이 너무 많은 사람은 어떻게든 조정해서 일과 휴식의 균형을 찾아야 한다. 삶에서 중요하다 여기는 것을 지켜가는 것도 중요하다. 기본적으로 이를 위한 노력이 전제되어야 내적 성숙도 이루어질 수 있다.

멋진 자아 경계선을 가진 사람을 가까이할 것

말 그대로다. 남의 이야기에 별반 흔들리지 않지만 타인을 배려할 줄 아는 사람, 함께 있을 때 마음 편하고 무엇이든 털어놓고 싶은 사람과 가까이 하라. 그가 남들을 어떻게 대하는지 하나하나 관찰하라. 그리고 당신의 삶에서 그 태도를 모방해보라.

습관화된 걱정이라도
관리할 수 있다

혈압이 높고 당뇨가 있어 건강을 걱정하면서도 막상 약은 거부하는 사람들이 있다. 몸만 따져봤을 때는 약을 먹으면서 정상 상태를 유지하는 것이나 약을 먹지 않고 유지하는 것이나 별반 차이가 없다. 그런데 이들은 약 먹는 것을 곧 '건강하지 않다', 즉 '완치된 게 아니다'라고 느낀다. 이들은 약을 먹지 않는 대신 먹는 것을 조절하고, 운동을 하고, 건강식품을 먹어서 정상 상태를 유지하려고 한다. 몸의 체질 자체를 되돌려 마침내 완치에 이르겠다는 것이다.

다 좋다. 그런데 문제는 인간의 의지가 생각보다 무척 약하다는 점이다. 평생 건강에 좋은 음식만 먹고 규칙적으로 운동하는 사람이 몇이나 있을까? 막상 굳은 결심을 하고 운동을 시작해도 한두 달 하다가 중단하는 이들이 태반이고, 식단 역시 며칠간 야채 위주로 유지하다가 결국 회식 한 번에 무너지는 이들이 너무나 많다.

혈압, 당뇨, 고지혈증 약을 먹는 사람이라고 해서 예외는 아니다. 이들은 건강한 생활을 해야 한다는 압박에 시달리면서도 의지력이 한번에 무너지는 걸 경험하곤 절망에 빠진다. 이렇게 완치에 대한 환상에 빠져 자신의 의지만 믿고 있다가는 결국 마음은 마음대로 불편하고 병은 병대로 진행된다.

지긋지긋한 걱정거리는 사라지는 법이 없다

걱정을 만성질환과 똑같다고 생각해보자. 만성질환을 관리하지 않고 완치하려고 하는 것처럼 사람들은 무언가 획기적인 계기나 방법을 통해 고민거리가 싹 쓸려가기를 소원한다. 그래서 다니던 회사를 그만두기도 하고 이사를 가기도 한다. 로또에 당첨되기를 고대하면서 매주 토요일만 목 빠지게 기다리는 사람도 있다. 하지만 고민거리는 그렇게 어느 순간 한꺼번에 사라지지 않는다.

나는 이 나이가 되도록 때가 되면 꼭 휴지가 떨어지는 게 참 신기하다. 휴지를 다 써서 새 휴지를 휴지걸이에 갈아 끼울 때면 아무리 시간이 지나도 휴지가 떨어지지 않을 것만 같다. 그런데 매일 조금씩 쓰다 보면 어김없이 휴지가 다 사라지고 없다. 어디 휴지뿐인가. 치약도 그렇고, 칫솔도 그렇다. 머리카락은 나도 모르게 자라 어느새 커트를 해야 하는 날이 오고야 말고, 손톱과 발톱도 신경 쓰지 않고 있다 보면 어느새 자라 지저분해져 있다.

인생의 문제란 이렇게 아무리 해결했다고 생각해도 나도 모르는 사이에 훌쩍 자라나 있다. 새 휴지를 걸어놓고 안심했지만 이내 휴지가 떨어지듯이, 많이 자란 손발톱을 깎고 시원해했는데 어느 순간 손발톱이 길게 자라나 있듯이 인생의 걱정거리도 끊임없이 자라난다.

결국 현재 상태에서 나쁜 점을 줄이고 좋은 점을 늘리기 위해 노력하는 것이 중요하다. 갑작스러운 상태 변화만을 염원하는 것은 심리적 도피로 이어져 현재 불리한 상태를 더욱 심화시킬 뿐이다. 머릿속에 가득 찬 이 생각뭉치들을 한꺼번에 없애는 것보다는 조금씩 관리하려고 마음먹어야 한다.

하루 10분, '생각 집중 시간' 갖기

환자들과 상담을 하다 보면 한번에 긴 시간을 이야기하는 것보다 짧게 자주 만나는 것이 더 효과적인 경우가 많다. 언젠가 한 회 상담에 한 시간씩 전문가에게 정신분석을 받아도 증상이 호전되지 않던 우울증 환자가 있었는데, 근처 정신과를 방문해서 일주일에 두세 번씩 의사와 잠깐씩 얘기를 나누고 항우울제를 처방받자 병세가 확연히 좋아진 적이 있었다. 그는 치료 방법을 바꾸고 나서 조금씩 우울한 시간이 줄어들고 괜찮아지는 시간이 늘어났다고 했다. 그렇게 상태가 좋은 시간이 점점 늘어나다 보니 언제부턴가 종일 기분이 괜찮은 날도 생겼다. 그런 날이 더 많아지자 그는 자기도 모르게 약을 먹지 않게 됐다. 점점 병원에 찾아가는 횟수가 적어졌고 나중에는 병원으로 향하는 발길도 완전히 끊게 됐다.

물론 굉장히 치료가 잘된 케이스긴 하지만, 실제로 머릿속에 꽉 찬 부정적인 생각을 한꺼번에 몰아내려고 하기보다 짧게 끊어서 관리하려는 시도가 효과를 발휘하는 일은 상당히 많은 편이다. 이를 위해 우선 하루 중 고민하는 시간을 따로 정해 그 시간에만 집중적으로 생각하는 연습을 해보자. 하루에 한 시간도 좋고, 30분도 좋다. 하지만 대개는 10분이면 넉넉하다. 사실 이 시간을 지키는 것조차 쉬운 일이 아니다.

생각이라는 것이 마음대로 되지 않아서 처음에는 무척 힘들 것이다. 더구나 일정 시간 동안 부정적인 고민에 집중한다는 것이 고통스러울 수도 있다. 꼬리를 무는 생각 때문에 괴로울 때는 대개 이런저런 부정적인 생각을 하다 곧 '아, 내가 왜 이런 것까지 고민하고 있지? 제발 그만 생각했으면 좋겠다'라고 생각하게

걱정도 습관이다

된다. 수많은 색깔의 생각들이 합쳐져 뒹구는 머릿속을 오로지 '고민'으로만 가득 채우는 것은 의외로 고도의 집중력이 필요한 작업이다. 어떤 면에서는 생각을 비우는 명상보다 더 어려운 일일 수 있다.

이렇게 하루에 10분가량 온전히 고민만 하는 시간을 가진 후 곧바로 그 고민을 지우는 명상에 돌입한다. 이 역시 10분 정도면 충분하다. 마치 온탕과 냉탕을 왔다 갔다 한 것 같은 이 시간이 지나면 머릿속이 개운해지면서 마음이 맑아지는 것을 느낄 수 있을 것이다.

이렇게 하고 나서도 처음에는 딱 하루만 지나면 휴지가 떨어지듯, 머리칼이 자라나듯 머릿속에 다시 고민이 가득 채워질 것이다. 하지만 시간이 지날수록 고민의 색깔이 엇비슷할 것이기 때문에 결국 그러한 생각들에 무덤덤해져 더는 휘둘리지 않는 자신을 느낄 수 있을 것이다. 자연히 이 '생각 집중 시간'도 줄어들고 그에 따라 머리를 비우는 시간 역시 줄어들 수밖에 없다.

2단계

일상 속의 작은 노력
실천 Tip 5

〰〰〰〰〰〰〰〰〰〰〰

고민은 언제나 있을 수밖에 없음을 이해할 것

한순간에 모든 고민이 사라졌으면 좋겠지만, 세상에 고민 없이 사는 사람은 없다. 문제는 그 고민을 대하는 나의 태도다. 고민은 도처에 널려 있고 한 가지 고민을 해결하면 그다음 고민이 곧바로 대기하고 있음을, 답답하겠지만 우선 인정하자. 그래야 고민은 해결하는 것이 아니라 관리하는 것이라는 사실을 인식하게 된다.

생각 집중 시간을 마련할 것

매일 하루 10분(이것으로 부족한 사람은 시간을 더 잡아도 괜찮다) 동안 생각 집중 시간으로 정해놓고, 이때 나를 괴롭히는 온갖 생각을 집중해서 해보자. 마치 명상을 하듯 자리에 앉아 눈을 감고 걱정되는 일들, 불안한 일들을 하나하나 떠올려본다.

생각 소멸 시간을 마련할 것

생각 집중 시간이 끝나면 10분(역시 이것으로 부족한 사람은 시간을 더 잡아라) 동안 그 생각들을 말끔히 쓸어내는 상상을 해보자. 완전히 머리를 비우려고 노력하되 의도치 않게 잡념이 끼어들면 그냥 그것들이 지나가도록 놓아두자. 처음에는 쉽지 않기 때문에 연필이나 휴대전화 등 한 가지 사물에 집중하면서 그 외의 생각을 없애는 식으로 진행하는 것이 좋다.

어쨌든 상황을
바꾸긴 해야 한다

언젠가 작은 회사를 운영하는 사장 한 분이 나에게 이런 얘기를 했다.

"요새 사람 구하기가 하늘의 별 따기보다 힘들어. 젊은 애들이 당최 고생하는 걸 못 견딘다니까. 잠깐 해보고 힘들면 그만두고…… . 우리 때는 안 그랬는데 말야."

요즘 젊은이들이 절실하지 않다고 투덜대는 이분에게 나는 직원들 월급을 얼마나 주는지 물었다. 그러자 이내 석연치 않은 대답이 돌아왔다. 따져보니 동종업계 다른 회사들에 비해 연봉 수준이 훨씬 낮았다. 이렇게 돈을 조금 주니 일하려는 사람이 적을 수밖에 없고, 어쩌다 입사하는 사람들도 평판이 나쁘거나 부족한 점이 있어 다른 직장에 취업하지 못한 이들이 대부분이었다. 이런 사람들은 당연히 성실하지 않을뿐더러 회사에 오래 다니지도 않았다.

사정을 듣고 난 나는 "직원들 월급을 좀 올려주시는 건 어때요?"라고 넌지시 물었다. 그러자 이 사장은 "월급을 올려주면 뭐해? 그래봤자 월급만 받아가고 일도 제대로 안 하는데" 하며 짜증을 냈다. 아마도 이분의 회사에는 앞으로도 사장이 원하는 좋은 인재가 들어오기 힘들 것이다. 그리고 그 원인이 자기 자신에게 있음을, 이 사장은 영원히 알지 못할 것이다.

이렇게 우리가 항상 걱정하면서도 막상 문제를 야기하는 상황을 바꾸지 못하는 이유는 무엇일까? 바로 상황이 눈에 보이지 않기 때문이다. 옆에서 보기에는 지금 내가 하는 고민이 너무 뻔하고 해답도 분명한데, 당사자에게는 정작 그 문제가 잘 보이질 않는 것이다.

그럼에도 상황을 바꾸지 못하는 이유

우리가 상황을 바꾸지 못하는 데는 몇 가지 이유가 있다. 그중 첫 번째가 '심리적 매몰 비용'이다. '매몰 비용'이라는 말은 원래 경제학에서 쓰던 용어였다. 예를 들어 회사에서 새로운 분야로 진출했다. 그런데 매출은 기대 이하고, 심지어 적자까지 보고 있다.

지금 사업에서 철수하면 그동안 투자한 것이 모두 헛수고가 되어 한 푼도 건질 수 없다. 이런 상황에서 손해 보게 되는 비용을 매몰 비용이라고 한다. 문제는 다른 사람들이 보기엔 이미 실패한 사업이지만 당사자는 그렇게 생각하지 않는 경우다. 더 끌고 가면 적자가 누적되면서 매몰 비용이 계속 증가함에도 불구하고 당사자는 자기가 그간 쏟아부은 시간과 노력, 자본이 아까워 손을 떼지 못하는 것이다. 그러다 결국 마지막까지 몰렸을 때, 그러니까 은행에서 대출이 중단되어 임금을 못 주게 되거나 결제가 밀려 거래처에서 더는 자재를 공급받지 못하게 됐을 때가 되어서야 겨우 손을 뗀다.

인생에도 이런 매몰 비용이 있다. '고시 폐인'이라는 말을 들어본 적이 있을 것이다. 사법고시, 행정고시, 외무고시 같은 전통적인 고시 외에도 공무원 시험 같은 이른바 '신종 고시'에 이르기까지 매년 이 시험들에 계속 미끄러지면서도 결코 꿈을 포기하지 못하는 이들이 있다. 시험을 포기하면 그동안의 노력이 헛고생이 되고 너무 아깝게 느껴진다. 심한 경우 매년 준비가 덜 됐다며 시험은 보지 않으면서 고시 자체는 포기하지 못하는 사람도 있다.

두 번째는 남 탓만 하느라 막상 상황을 파악하지 못하는 경우로, 앞서 요즘 젊은이들의 불성실함을 탓하면서 자기 회사가 월급 짜게 주는 건 신경도 안 쓰던 사장님이 바로 여기에 해당한다.

인간은 심리적으로 상황이 곤란해지면 남 탓을 하는 경향이 있다. 남편은 아내 탓을 하고, 아내는 남편 탓을 한다. 회사에서 일이 잘 안 풀려 손해를 크게 봤을 경우 누군가는 책임을 져야 한다며 꼭 직원 탓을 하는 사장도 있다. 자식에게 과도한 기대를 하는 부모도 마찬가지다. 공부를 안 해서 못하는 것이 아니라 못해서 안 하는 아이에게 노력을 하지 않는다고 무조건 다그치는 경우가 그렇다.

이렇게 사람은 자신과 타인의 한계를 인정하고 그에 맞춰 상황을 조정해가야 하는데, 그러지 않고 어쨌든 희생양을 찾고 싶어 한다. 상황이 좋지 않아 걱정하게 되면서 쌓이는 스트레스를 타인에 대한 비난과 책임 전가로 푸는 셈이다. 그러면서 "걔만 없어지면 일이 잘 풀릴 것 같은데"라고 말한다. 하지만 그를 다른 사람으로 대체한다 해도 상황은 크게 달라지지 않는다. 일은 계속 안 풀릴 것이고 내 걱정의 크기도 전혀 작아지지 않을 것이다.

다음으로 현재 상황에 대해 의식적으로 걱정은 하지만, 무의식적으로 심리적 보상을 받는 경우가 있다. 이를 일컬어 '심리적 보상 기전'이라고 한다. 항상 몸이 여기저기 아프다고 걱정하는 사람이 있다. 매번 건강검진을 받아보면 딱히 진단 나오는 것이 없는데도 그는 항상 "건강이 걱정"이라고 한다. 그는 누군가와 대화할 때 늘 한참 동안 자신이 오늘은 어디가 아픈지를 말하면서 시작한다. 보통은 새로운 사람을 만나면 반갑다고 하거나 식사했

걱정도 습관이다

느냐고 묻거나 악수를 하는데, 그는 시종일관 자기 아픈 얘기만 한다. 멀리 사는 자식이 전화를 걸어와도 마찬가지다.

이는 그가 무의식적으로 자식이 부모를 충분히 돌보지 못하고 있다는 죄책감을 가지도록 만들려는 것이다. 표면적으로는 자신의 아픈 몸을 걱정하는 것이지만, 마음속 깊은 곳에서는 그런 말을 하면서 심리적 보상을 얻는 것이다. "이제 술 끊어야지"라고 반복적으로 말하면서 정작 술을 끊지 못하는 이의 심리도 이와 유사하다.

마지막으로 올바른 것보다 익숙한 것을 선택하려고 하는 인간의 습성을 들 수 있다. 우리는 흔히 "습관적으로 행동한다"는 말을 한다. 자기도 모르게 익숙한 행동을 한다는 것이다. 누군가는 턱을 괴고, 누군가는 다리를 꼬고, 누군가는 머리를 만지고, 누군가는 손톱을 물어뜯는다.

인생에도 일종의 습관이 작용한다. 항상 미지근한 관계를 유지하는 부모를 둔 어떤 여자가 있다. 그녀의 부모는 서로에게 관심이 없고 딱히 크게 싸우는 것은 아니지만 서로를 진정 아껴주는 것도 아니었다. 그녀는 나이가 들어 연애를 하거나 결혼을 하면 부모님처럼 살지는 않겠다고 다짐했다. 한편으로 자기도 그런 결혼생활을 하게 될까 봐 두려웠다. 그러는 동안 그녀에게는 미치도록 사랑하는 남자가 좀처럼 나타나지 않았다. 그렇다고 누군가가 자신을 미치도록 좋다고 하면 왠지 거부감이 들었다. 곰곰이 따져보면 자신이 남자친구를 대하는 태도와 남자친구가 그녀를 대하는 태도는 마치 자기 부모님이 서로를 대하는 태도와 유사했다. 진정 자신을 행복하게 해줄 연애를 못할까 봐 걱정하면서도 어려서부터 자꾸 보아온 익숙한 관계를 스스로 재현하고 있는 것이었다.

나에게 닥친 위기의 원인부터 찾아라

상황이 몰리면 생각도 한쪽으로 몰리게 마련이다. 큰 문제다. 운동경기를 보다 보면 팀이 큰 점수 차로 이기고 있을 때는 선수들이 마음 놓고 경기를 하면서 화려한 플레이를 펼친다. 그런데 힘든 상대를 만나 고전을 하다가 패색이 짙어지면 한 가지 플레이만 반복하게 된다. 농구에서는 한 선수에게만 계속 패스를 해서 그 선수가 슛을 난사하다가 지게 되고, 배구에서는 타이밍을 놓쳐 블로킹에 계속 걸리고 있는 선수에게만 토스해서 스파이크를 하게 하다 지고 마는 식이다.

위기가 찾아올수록 우리에게 필요한 것은 상황을 바꾸려는 노력이다. 그러려면 도대체 왜 이런 위기가 나에게 찾아왔는지 그 원인부터 정확히 파악한 후 이를 근절하기 위해 꾸준히 노력해야만 상황을 헤쳐나갈 수 있다. 아무리 생각해보아도 그 원인

걱정도 습관이다

을 찾을 수 없다면 객관적으로 내 상황을 보아줄 수 있는 사람을 골라 그에게 조언을 구하는 것도 좋을 것이다.

시험을 앞두면 불안해진다. 언제 이 많은 것을 다 외워서 시험을 볼지 까마득하다. 교사가 되기 위해 임용고시를 준비하던 환자가 있었다. 그는 첫해에 시험을 준비하다가 막판에 너무 지치고 불안해져서 결국 시험을 며칠 앞두고 포기해버렸다. 그다음 해에는 절대로 떨어지면 안 된다는 생각에 봄부터 혼자서 고시원에 들어가 공부를 시작했는데, 시험이 다가올수록 점점 긴장을 하게 됐다. '이번 해에도 떨어지면 어떻게 하나' 하는 생각이 머릿속을 떠나지 않았고, 만에 하나 시험을 망치면 무엇을 할지, 그러다 그것마저 실패하면 어떻게 할지까지 생각하게 됐다.

그는 작년에 이미 공부를 다 끝낸 상황이라 특별히 더 공부해야 할 내용은 없다고 했다. 나는 그 얘기를 듣고 차라리 공부 시간을 줄이라고 충고했다. 매일 정해진 시간만 공부하고 남는 시간에는 쉬라고 했다. 그는 원래 외향적인 성격이어서 사람들을 만나 이런저런 얘기를 하지 않으면 고립감을 느껴 힘들어했다. 그래서 정해진 분량까지 공부를 하고 나면 더 진도를 나갈 생각을 하지 말고, 그냥 밖으로 나가 사람들을 만나 놀라고 말했다.

예상대로 그는 "시험을 망칠까 봐 걱정이 되어서 미치겠는데, 공부를 줄이라는 것이 말이 되는 소리입니까?"라고 화를 냈다. 나는 "지금 점수가 중요한가요? 작년처럼 시험 자체를 포기하면

161

그냥 이것저것 따질 것 없이 끝입니다. 계속 압박을 떨쳐내지 못하면 작년 같은 상황이 또 벌어지지 말란 법이 없어요"라고 말해 줬다.

이렇게 공부 시간을 제한하고 나니 처음에는 환자가 많이 불안해했다. 그러나 정해진 시간 이상 공부하지 않겠다고 생각하니까 오히려 집중하게 됐다. 그는 시험을 무사히 치르고 마침내 합격했다.

시험에 붙어야 한다는 생각으로 무작정 자신을 밀어붙이다 보면, 책을 보기는 하지만 머리에는 그 내용이 하나도 들어오지 않는다. 그렇게 며칠 죽도록 공부를 하다 보면 뇌도 지쳐버린다. 그러다 보면 자포자기하는 경우도 생긴다. 적절하게 상황을 조정해야 한다.

결코 물러나지 않는 데서 시작하라

지크문트 프로이트Sigmund Freud를 비롯한 초기 정신분석가들은 해석을 통해 환자가 자신의 문제를 깨달으면 다르게 행동할 수 있을 것이라고 기대했다. 하지만 대다수 환자들은 문제를 알게 되어도 변화에 이르지는 못했다. 바뀌어야겠다고 결심하긴 했지만 상황을 바꾸려는 시도로까지 이어지지는 못했던 것이다. 마음이 변화하는 과정에는 감당하기 힘든 고통이 동반되기 때문이었을 것이다. 즉 인간은 몰라서 변하지 못하는 것이 아니라 두려워서 변하지 못하는 것이다.

환자들과의 첫 면담에서 내가 항상 강조하는 말이 있다. 바로 "더는 물러나면 안 됩니다"라는 것이다. 이러지도 못하고 저러지도 못하는 상황에 빠졌을 때 불안에 압도된 우리는 한 발짝씩 뒤로 물러나게 된다. 그러나 일단 앞으로 나아가기 위해서 물러나선 안 된다. 우리는 천천히, 그렇지만 끈질기게 상황을 바꾸기 위해 앞으로 한 걸음씩 걸어가야만 한다.

사회공포증 환자는 밖에 나가 낯선 사람을 만나는 것이 두렵다. 하지만 그들도 어쩔 수 없이 가야만 하는 곳이 있다. 마트가 됐건, 학교가 됐건, 직장이 됐건 나는 활동 범위를 절대로 줄이면 안 된다고 말한다. 우울증 환자도 마찬가지로 일상생활이 어렵다. 밥하고, 빨래하고, 청소하는 것조차 힘들다. 나는 그러한 일상생활에서 뒤로 숨지 말라고 말한다. 불안장애 환자는 사소한 일에도 가슴이 두근거린다. 새로운 것을 시도하는 것이 어렵다. 나는 지금 하는 것 중에 그나마 환자가 재미있어하는 것을 계속 하라고 권한다. 더는 물러나면 안 되는 것이다.

살다 보면 우리는 신경 쓰이는 일이 있을 때 그 문제를 자꾸 회피하려 들면서 현실과 직면하기를 두려워하는 것 같다. 그러나 그때 문제 원인을 정확히 파악하지 못하고 계속 회피하다 보면 결국 더 이상 물러설 곳 없는 낭떠러지 위에 놓이게 된다. 조금 힘들더라도 문제로부터 고개를 돌리지 않는 것, 그리고 뒷걸음치지 않는 것, 이것이 바로 '걱정에 좀먹지 않는 나' '더 당당한 나'를 만들어가는 가장 큰 발걸음이 될 수 있다.

걱정도 습관이다

일상 속의 작은 노력
실천 Tip 6

~~~~~~~~~~~~~~~~~~~~~~~~~~~~~~~~~~

근본적인 원인과 맞닥뜨릴 것

계속해서 고민과 불만이 쌓일 때 문제 원인이 정녕 무엇인지를 똑바로 파악해보라. 아무리 생각해도 당신이 처한 상황이 잘 파악되지 않고 무엇을 해야 할지 모르겠다면 이 문제와 상관없는 제삼자에게 냉정하게 충고를 해달라고 해도 좋다. 당신의 시야에서는 당신의 문제가 정확히 보이지 않을 가능성이 크니까.

상황을 바꾸려고 노력할 것

원인을 알았으면 어떻게 해서든 상황을 바꾸어나가기 위해 행동하자. 꼭 급격히 변화된 행동을 취하지 않아도 된다. 내가 할 수 있는 선에서 천천히라도 움직이려고 노력해보자. 중요한 것은 지쳐서 그 노력을 중단하지 않는 것이다.

절대 물러나지 말 것

대부분의 문제는 나 자신에게 있을 때가 많다. 그리고 대부분의 사람은 이런 원인에서 달아나고 싶어 한다. 그러나 고개를 돌리고 싶더라도 조금만 참아보자. 지금 잠시 잠깐 느끼는 괴로움을 참지 못하면 절대 그다음으로 나아갈 수 없음을 명심해야 한다.

3단계

마침내 결단, 그리고 결정

"어떻게 해야 내 마음이
더는 흔들리지 않을까?"

걱정에 휘둘리지 않는 사람이 되기 위해 지속적인 변화를 추구하다 보면 어느 순간 결단하고 결정해야 하는 시점에 도달한다. 매 순간 나를 괴롭히는 수많은 생각들을 잘 다스리게 되긴 했지만, 근본적으로 더 나은 삶을 살고 싶다는 욕심이 생겨나기 때문이다. 이쯤 되면 나를 둘러싸고 있는 환경에 만족하지 못하게 된다. 그래서 누군가는 결혼을 결심하고, 누군가는 이혼을 결심한다. 누군가는 새로운 꿈을 꾸기 시작하고, 누군가는 헛된 환상을 포기한다. 누군가는 싸움에 돌입하고, 누군가는 진정한 용서를 한다. 이렇게 우리는 서로 다른 모양으로 결단하고 결정을 내리면서 마음의 두꺼운 허물을 벗는다. 그리고 마침내 남의 얘기나 주어진 상황에 마음고생을 하며 어쩔 줄 모르던 삶에서 자기 중심을 지키며 웬만해선 흔들리지 않는 삶으로 한 단계 올라가게 된다.

끊임없는 확인하기는
이제 그만

공포 영화에서는 밖에서 무슨 소리가 난다든가 희미한 형상이 얼핏 지나가는 등 무언가 꺼림칙한 것이 나오면 등장인물 중 한 명이 어김없이 확인하려고 한다. 그다음 장면이 꼭 어떻게 되던가? 100% 죽음이다. '나 같으면 저런 상황에서 방 밖으로 절대 안 나가고 사람들과 뭉쳐 있을 텐데' 하는 생각이 절로 들 정도다. 도대체 왜 저러나 싶기도 하다.

그런데 참 이상하게도 이것이 바로 인간의 본능이다. 인간은 좋은 것도 확인하고 싶어 하지만 안 좋은 것도 확인하고 싶어 한다. 불분명한 것, 막연한 것을 견뎌내지 못한다.

확인하고 싶다 = 걱정을 사서 한다

'내가 시킨 일은 잘하고 있나? 설마 까먹고 안 하는 건 아니겠지? 마감이 사흘 앞인데……. 안 되겠다, 한번 체크해야지.'

상사들 중에는 일을 시켜놓고 마감일까지 진득하게 기다려주지 않는 사람이 많다. 제때 일을 깔끔하게 해내지 못하는 부하 직원 때문에 노이로제가 걸려 그런 상사도 있겠지만, 천성 자체가 의심이 많고 걱정이 많은 사람들도 있게 마련이다. 이들은 누군가에게 일을 맡기고 나면 끝없이 확인하려 든다.

그런데 확인한다고 해서 걱정이 사라질까? 어떤 점에서 확인하는 심리는 가려울 때 긁는 행동과 비슷하다. 모기에 물려 막 긁어대면 당장은 가려움이 잦아들고 좀 후끈거린다. 그러다 얼마 지나지 않아 더 강하게 가려워진다. 그런 과정이 반복되면 긁는 것을 멈추기가 힘들다. 긁는 것을 멈춰야 가려움이 잦아들고, 가려움이 사라져야 긁는 것도 중단할 수 있는데, 딱 한 번 참는 걸 못 하는 것이다.

궁금한 것을 참지 못해 한 번 확인을 시작하게 되면 의심은 더더욱 커진다.

"내가 지난주에 지시한 서류 준비됐어요?"

이 질문에 부하 직원이 "네, 다 됐습니다"라고 대답한다면 '그래? 그런데 왜 나한테 바로 안 보여주는 거지? 혹시 내가 고치라고 할까 봐 마감일 임박했을 때 보여주려는 건가? 아니면 지금 다 못 했는데 거짓말하는 거 아냐?' 등등 더 많은 의혹이 생겨나 마음만 더 가려워진다. "아직이요. 진행 중입니다"라는 답변을 들어도 마찬가지다. '어디까지 진행한 거지? 관련 자료를 찾아보기는 했나? 막상 마감일 하루 전에 못 했다고 버티는 거 아냐?' 하는 더 큰 의심이 뭉게뭉게 피어난다. 이것이 사람 마음이다.

마음의 가려움증을 참지 못하고 봇물 터지듯 이것저것 체크하다 보면 상대와의 관계에 미묘한 균열이 생기든가, 싸움이 나든가 할 수밖에 없다. 일을 어디까지 했느냐고 계속 닦달하는 상사가 부하 직원 입장에서는 스트레스 그 자체일 것이며, 친구들과 놀고 있는 아들에게 자꾸 전화를 걸어 "지금 어디야? 언제 들어올 거야?"라고 확인하는 엄마가 아들 입장에서는 지겨운 잔소리쟁이로 여겨질 것이다. 무언가 태도가 예전 같지 않은 남자친구에게 "자기, 혹시 나한테 화난 거 있어? 이제 내가 싫어?"라고 묻는 여자친구는 또 어떤가. 그런 난처한 질문을 던지는 의도는 남자친구가 자신을 여전히 사랑한다는 걸 확인하고 싶어서다. 그러나 남자친구 입장에서는 '아, 내 마음이 바뀐 걸 눈치챈 건가?' 혹은 '나한테 저런 말을 하는 것을 보니 사랑이 식은 건가' 하는 또 다른 오해가 생길 수 있다.

결국 확인을 통해 내가 원하던 답변을 얻든 얻지 못하든, 확인은 사람을 더욱 불안하게 만들 뿐이다. 확인을 하면 할수록 우리에게 돌아오는 것은 감당할 수 없을 정도로 커진 의심과 고민 뿐이라는 것이다.

문제를 만드는 뿌리 감정을 찾아내자

머릿속을 떠나지 않는 의심에 마음을 빼앗겨선 안 된다. 지금 나를 지배하는 감정은 나무로 따지면 잎, 가지, 줄기에 해당된다. 그러나 뿌리가 병들어 있으면 아무리 예쁘게 가지를 치고, 줄기를 다듬고, 잎에 물을 뿌려도 소용이 없다. 의심의 밑에 놓인 뿌리 감정을 찾아내어 교정해야 한다.

　살을 빼야 한다는 생각으로 가득 찬 여자가 있다. 그녀는 하루에도 서너 번씩 체중계에 올라가 자기 몸무게를 확인하려고 든다. 그러다 식욕을 참지 못하고 야식이라도 먹는 날이면 스스로에게 화가 나 견딜 수가 없다.

　'이러다간 평생 살을 빼지 못하고 뚱뚱하게 살다 죽을 거야.'

　그녀는 혹시나 하는 마음으로 다시 체중계에 올랐고, 그때마다 0.1kg이라도 몸무게가 늘어난 걸 확인할 때면 절망에 빠져 끝도 없이 무기력해졌다.

　이 여자의 뿌리 감정은 대체 무엇일까? 바로 '뚱뚱하다는 것이 곧 무능력하다는 증거'라는 생각이었다. 체중이 올라갈 때마다 그녀는 자신의 삶을 스스로가 통제하지 못하고 있다는 절망감에 사로잡혔다. 사업 실패와 외도로 온 가족을 힘들게 했던 아버지를 차마 떠나지 못하고 평생을 무기력하게 산 어머니처럼 자신도 자기 삶의 주도권을 놓치게 될 것만 같았다.

자신의 뿌리 감정을 정면에서 마주한다는 것은 무척 괴로운 일이다. 우리가 잡다한 걱정에 마음을 쏟으며 괴로워하는 것은 어쩌면 무의식적으로 뿌리 감정을 외면하려는 의도에서 그런 것일 수 있다. 하지만 쓸데없는 걱정에서 벗어나 말끔한 인생을 살아가고 싶다면 아무리 괴롭고 무섭더라도 내 뿌리 감정을 찾아내 근본적인 해결을 꾀해야 한다.

심리검사 중에 '집-나무-사람검사House-Tree-Person Test, HTP Test'라는 것이 있다. 집, 나무, 사람을 그리게 해서 그 사람의 심리를 분석하는 것이다. 자신의 뿌리 감정에 대해 파악해보고 싶은 사람은 전문 기관에 가서 이 검사를 받아보는 것도 좋겠다.

이 검사에서 사람을 그리게 할 경우 대체로 남자는 남자, 여자는 여자를 먼저 그린다. 그러고 나서 남자는 여자, 여자는 남자를 그린다. 연애를 할 때나 결혼생활을 하며 반복적인 문제가 발생하는 분들은 이 검사에서 크게 세 가지 양상을 띤다.

첫 번째, 동성을 그렸는데 그것이 명료하지 않은 경우다. '나'는 관계에서 맡는 역할에 따라 '자식으로서의 나' '사원으로서의 나' 등으로 규정되는데, 결혼이나 연애관계에서는 '남성으로서의 나' 혹은 '여성으로서의 나'가 중요하다. 이 '성별로서의 나'가 명료하지 않으면 상대를 대할 때도 자꾸 확인하려 들고 불안해하게 된다.

두 번째, 이성을 그렸는데 그것이 명료하지 않은 경우다. 이들은 이성관이 뚜렷하지 않기 때문에 바로 눈에 띄는 외모나 상대의 조건만 보고 좋으면 급하게 사귀고 결혼도 한다. 그렇다고 상대가 어떤 사람이었으면 하고 바라는 점이 없는 것도 아니다. 사정이 이렇다 보니 자연히 이성관계에 갈등이 생길 수밖에 없다.

세 번째, 이성을 그렸는데 그것이 무척 부정적인 경우다. 너무 간섭을 많이 하는 엄마를 둔 남자는 눈꼬리가 올라간 신경질적인 모습의 여자를 그린다. 아빠에게 학대받은 경험이 있는 여자는 남자의 모습을 험악하게 묘사한다. 이런 사람들은 두말할 것 없이 연애나 결혼을 하면 끊임없이 상대를 시험에 들게 하고, 조금만 마음에 들지 않는 구석이 보여도 상대 탓을 하며 싸우려고 든다. 이들은 마음속 뿌리 감정을 치유하고 이성에 대한 잘못된 이미지를 바꾼 후 연애를 하거나 결혼을 해야 실패하지 않는다. 그러나 대부분은 자신의 뿌리 감정을 잘 모르기 때문에 늘 좋은 상대를 만날 수 있을까 걱정하고, 상대가 자신에게 한 말이나 행동 하나하나에 무슨 의미가 있을지 고민하고 또 고민한다.

집-나무-사람검사 외에 '문장완성검사 Sentence Comepletion Test'라는 것도 있다.

걱정도 습관이다

"나는 _____."

"나와 어머니는 _____."

"내가 두려워하는 것은 _____."

이런 빈 문장을 채워 넣는 검사다. 이 가운데 가장 포괄적인 문장이 바로 "나는 _____"다. 이 문장에 사람들이 흔히 넣는 말은 "나는 착하다"다. 스스로를 착하다고 생각하는 이들은 남이 좋아하는 것만 하려고 하며, 남의 마음을 조금이라도 상하게 하는 일은 절대 하지 않으려고 든다. 그리고 그 과정에서 고민과 스트레스가 쌓여 괴로워한다. 만약 "나는 무능력하다"라고 적은 사람이 있다면 그는 무언가 시도를 할 때마다 실패할 것이라는 강렬한 두려움에 사로잡힐 것이다. "나는 완벽해야 한다"라고 쓴 사람은 사소한 실수도 저지르기 싫어 강박적인 모습을 띨 가능성이 크다.

자꾸만 무언가를 확인하고 싶다는 생각이 들어 미칠 것만 같다면 잠시 하던 일을 멈추고 이런 생각을 하게 된 나의 근본적인 뿌리 감정이 무엇인지 찾아보자. 집-나무-사람검사도 좋고, 문장완성검사도 괜찮다. 전문가에게 상담을 받아보아도 좋다. 우선 그것부터 알아야 잘못된 뿌리가 교정되어 줄기도 잎도 가지도 건강하게 자랄 수 있다.

마침내 결단, 그리고 결정
실천 Tip 1

마음의 가려움증을 참을 것

반드시 상대에게 물어보아야만 하는 문제가 있다. 하지만 단순히 '확인'을 하고 싶은 것이라면 이건 좀 참을 필요가 있다. 이는 달리 말해 신뢰 문제라고도 할 수 있기 때문이다. 내가 상대를 믿어주면 그 사람도 내 믿음에 보답할 것이라는 생각으로 확인하고 싶은 욕구를 딱 한 번만 꾹 참아보자.

뿌리 감정을 찾아볼 것

사람이나 상황을 끊임없이 의심한다는 것은 나의 마음 한구석에 오래된 생채기가 있어 여전히 아물지 않았다는 것을 의미하기도 한다. 본문에 소개한 간단한 검사 등을 통해 자꾸만 커져가는 의심과 확인하고 싶은 욕구의 근본적인 원인이 무엇인지 밝혀내자.

뿌리 감정을 교정할 것

뿌리 감정을 알아내는 것만으로도 대부분의 문제는 자연스럽게 치유된다. 의심이 치밀 때마다 '아, 이건 내 뿌리 감정이 그렇기 때문에 이런 거지'라고 생각하며 참고 넘어갈 수 있기 때문이다. 하지만 그 뿌리 감정이 무척 깊고 치유하기 어렵다는 판단이 들면 전문가를 찾아 적절한 교정을 받는 것이 중요하다. 그렇지 않으면 자꾸만 확인하고 싶고 남을 의심하는 성향이 병적인 문제로 확장될 수도 있다.

최고의 선택은 못 해도
최선의 선택은 가능하다

"저희 부모님은 대체 왜 이러시는 걸까요?" "남편이 무슨 생각으로 제게 그런 말을 하는 건지 당최 모르겠어요." "제 얘기에 대답도 안 하는 아들 머릿속이 정말 궁금해요."

이런 이유로 상담을 받으러 오는 사람들이 생각보다 많다. 상대가 왜 그렇게 말하고 행동하는지 그 이유를 알면 본인 속이 편해질 것 같다는 것이다.

이렇게 타인 때문에 걱정을 많이 하는 이들의 경우 상대가 건네는 사소한 신호를 잘못 해석하는 경우가 흔하다. 의미 없는 말에 의미를 두기도 하고, 애매한 행동을 중요한 암시로 잘못 읽어내기도 한다. 이런 상태에서 '왜 나에게 그런 말을 했을까' '왜 나에게 그런 행동을 했을까' 걱정하기 시작하면 꼬리에 꼬리를 물고 생각이 이어진다. 예를 들어 누군가가 자기 앞에서 침묵을 지키고 있으면 이렇게 생각의 사슬이 이어진다.

'왜 입을 다물고 있지?' '나에게 화가 난 것이 틀림없어.' '무언가 내가 그의 마음을 상하게 한 것 같아.' '그러니까 앞으로도 나에게 계속 화를 낼 거야.' '지금 생각해보니 그는 항상 나에게 화가 나 있었어.' '나는 항상 사람들을 거북하게 만드나 봐.' '그러니까 아무도 나를 좋아하지 않는 거야.' '앞으로도 계속 사람을 사귀지 못하고 줄곧 외로우면 어떻게 하지?'

이런 식이다. 이 상태가 지속되면 자연히 스트레스가 더해지면서 억측 강도도 심해진다. 그렇게 상대의 마음을 넘겨짚는 바람에 부적절한 행동을 하면 나를 대하는 상대의 태도 역시 어색해진다. 그러면 어색한 행동을 내가 자초한 것이라고 생각하지 못하고 대신 그가 나를 어색하게 대한다고 단정한다.

이런 분들이 나를 찾아와 "그 사람이 대체 나에게 왜 그럴까요?"라고 물으면 참, 내가 점쟁이도 아니고 뭐라고 말을 해야 좋을지 난감할 때가 많다. 우선은 양쪽 얘기를 다 들어보아야 한다. 한쪽 말만 듣고는 상황을 파악할 수 없다. 부모는 자식이 문제라고 생각하지만, 사실 자식 문제에는 일정 부분 부모도 관련이 있게 마련이다. 아내는 남편이 이상하다고 하지만, 남편 입장에선 아내를 이해할 수 없다고 생각할지도 모른다.

또한 한두 가지 면만 보고 사람의 성격이나 의중을 두부 자르

걱정도 습관이다

듯 단정하는 것은 매우 위험한 일이다. 강압적인 부모 때문에 고통받는 사람에게 "당신의 부모 역시 자신의 부모에게 강압적인 교육을 받아 그렇게 된 것"이라고 말해주기는 쉽다. 하지만 과연 이 한 가지 이유가 전부일까? '열 길 물속은 알아도 한 길 사람 속은 모른다'는 말이 괜히 나온 게 아니다.

결국 상대가 대체 왜 그러는 건지 알기 위해 노력하는 건 에너지만 소모될 뿐 큰 성과를 거두기 어려운 일이다. 그렇다면 우리가 할 수 있는 최선의 선택은 무엇일까?

상대가 바뀔 것이라는 기대를 접어라

우리가 하는 고민의 90% 이상은 사람, 그것도 아주 가까운 사람 때문일 때가 많다. 그래서인지 많은 이들이 '나를 힘들게 하는 그 사람이 대체 왜 그러는지 알아내서 그 부분을 고쳐주고 싶다'라고 생각하곤 한다.

앞서 말한 것처럼 상대가 가진 문제의 원인을 알아내려는 노력은 들이는 시간만 아까울 뿐 빛을 보지 못할 가능성이 크다. 그러나 일단 상대가 왜 그러는지 용케 알아냈다고 해보자.

"여보, 당신이 나한테 이렇게 무언가를 심하게 강요하고 다그치는 건 완벽주의 성향이 있어서 그런 거래. 그게 너무 심하게 나타나면 당신도 나도 힘들어서 결혼생활을 유지할 수가 없어. 당신이 조금만 여유 있게 생각하면 안 될까?"

잔소리 심한 남편에게 지칠 대로 지친 아내가 어느 날 상담을 받고 마침내 남편 잔소리의 비밀을 알아내고선 이렇게 남편을 설득했다고 해보자. 이 말을 듣고 진심으로 자기 자신을 되돌아보며 행동 교정을 위해 노력하는 남편이 과연 몇이나 될까? 결혼생활에 결정적인 위기가 찾아왔다거나 아내가 엄청난 스트레스로 자해를 했다거나 하는 극단적인 상황이 발생하지 않는 이상 남편은 덤벙대는 아내가 자기 좋은 말만 해댄다고 느낄 것이다. 한마디로 자기 자신을 변화시킬 필요를 전혀 느끼지 못한다는 것이다.

전혀 달라지는 게 없는 남편을 보며 답답해진 아내가 "여보, 그러지 말고 당신도 정신과 진료 좀 받아보는 게 어때?"라는 말이라도 하는 날에는 집안에 난리가 난다. 남편으로부터 "아니, 이 여편네가 배부르고 등 따시니까 별 쓸데없는 말을 하는구먼? 제발 정신 좀 차려!"라는 타박이 곧바로 날아올지도 모른다.

그렇다. 두 사람 중 어느 한쪽만 문제를 인식하고 일방적으로 상대를 고치려고 할 경우 두 사람의 관계는 결코 변화하지 않는다. 아마 이 이야기 속 아내는 여전히 남편의 무시무시한 잔소리에 당황하고 고통받으면서도 어쩔 수 없이 꾹 참고 살아가는 비참한 생활을 이어갈 수밖에 없을 것이다. 남편 역시 자신이 아무

걱정도 습관이다

리 이야기를 하고 또 해도 덤벙대는 성격이 고쳐지지 않는 아내를 보며 답답한 마음을 감추기 어렵다. 그렇기 때문에 곧 더 무시무시한 잔소리를 아내에게 퍼부을지도 모른다.

신경 끄고 내가 할 수 있는 행동을 하자

마음이 혼란스럽고 상대가 대체 나에게 왜 그러는 건지 알 수 없다고 느껴질수록 아주 단순하게 행동하는 게 차라리 낫다. 상대의 마음을 괜히 넘겨짚을 게 아니라 그냥 보이는 것에 근거해 판단하라는 것이다. 상대는 이미 자신의 의도와 나에 대한 감정을 말과 행동으로 보여주고 있는데, 나 혼자 그것을 인정하지 못해 끙끙대는 것은 현명한 행동이 아니다. 고민할 필요 없다.

　누군가 나에게 화를 낸다는 것은 아무리 그가 아니라고 해도 나를 싫어하고 미워해서다. 부모가 자식에게 화를 낼 때도 이 룰이 적용되느냐고? 당연하다. 모든 부모는 자식을 사랑한다. 하지만 부모가 언제나 자식을 사랑하는 것은 아니다. 자식이 공부를 안 할 때, 자식이 다른 아이를 때릴 때, 자식이 아무 데서나 소리 지르고 뛰어다닐 때 부모는 자식이 밉다. 그래서 소리를 지르며 자식을 야단치는 것이다. 버릇이 나빠질까 봐, 남에게 피해를 주니까 아이의 미래를 위해서 야단치고 때린다고 말하겠지만, 결국 아이를 혼내는 그 순간만큼은 아이가 밉기 때문에 화를 내는 것이다.

하물며 부모-자식관계도 이러한데, 이를 제외한 타인들과의 관계는 말할 것도 없다. 누군가 내가 하기 싫은 것을 나에게 요구한다면 심플하게 그는 나를 좋아하지 않는 것이라고 여기자. 그저 자신이 편하려고 그러는 것이다(이 얘기가 모든 경우에 해당되지는 않으며, 사실 너무 과격하다는 것도 잘 안다. 진심으로 나를 생각해서 어려운 과제를 던져주는 사람이 주변에 없는 것은 아니니까. 하지만 그것이 나를 한 단계 성장시키는 것이 아니라 짓누를 뿐이라면, 그로 인해 온갖 복잡한 근심과 걱정이 나를 지배한다면 한 번쯤 이렇게 심플하게 생각해보자는 것이다. 이렇게 생각한다고 해서 잡혀가는 건 아니니까). 내가 가만히 있으면 그는 내가 싫어하는 짓을 계속함으로써 나를 더욱 힘들게 할 것이다. '그가 왜 그러는 걸까' 하고 깊이 생각할 필요 없다. 그냥 그가 무언가를 요구할 때 "싫다"라고 단호히 얘기하면 된다. 내가 싫다고 하지 않는 한 그의 태도는 변하지 않는다.

한편 누군가 묘하게 마음에 들지 않는 사람이 있는데, 딱히 나에게 "싫다"라고 말하거나 욕을 한다거나 하지 않으면 괜찮다고 생각하자. 다소 짜증 나는 면이 있긴 하더라도 신경 쓸 것까진 없다. '분명 저 자식이 나를 안 좋아하는 것 같은데'라는 생각이 들더라도 물증이 없으면 일상적으로 대하면 된다.

걱정도 습관이다

물론 머리로는 '상대의 마음까지 고려하지 말자'라고 다짐할 수 있지만, 이를 행동에 옮기기까지는 대단한 용기가 필요한 게 사실이다. 너무 미안해서 차마 그렇게 할 수 없다는 사람들도 있다. 이들은 "그렇게 하면 안 되는 것 아니에요?" 혹은 "다들 그렇게 사는 데는 이유가 있겠죠"라고 때로는 따지듯, 때로는 체념하듯 얘기하며 예전 패턴대로 계속 살아간다.

엄밀히 말해 이런 모든 얘기들은 결국 핑계다. 내가 내 뜻대로 행동하지 못하는 이유는 그렇게 했을 때 내가 괴롭기 때문이다.

괴로운 마음은 대부분 두려움에 기인한다. 내 뜻대로 행동했을 때 무언가 좋지 않은 일이 생길까 봐 두려워하는 마음, 보복을 당할까 봐 두려운 마음이 크다. 상대가 나를 욕하고, 때리고, 괴롭히는 것만 보복이 아니다. 생각 많고 남의 눈치를 많이 보는 이들이 두려워하는 보복은 이와 결이 다르다. 이들에게는 남들이 자신을 좋아하지 않는 것이 곧 자신을 미워하는 것과 같다. 그리고 누군가가 자신을 싫어한다는 생각만으로도 너무나 괴롭다. 이들에게 있어 가장 큰 보복은 누군가에게 버림받는 것이다.

이들은 또한 죄책감도 일부 느낀다. 그 죄책감 때문에 자신에게 불행이 닥칠지도 모른다는 생각에 몸서리치기도 한다.

보복에 대한 두려움과 불행이 닥칠 것만 같은 죄책감을 이겨내는 것은 냉정하지만 각자의 몫이다. 이것을 이겨낼 생각이 없는 사람은 아마 이 책을 읽고 있지도 않을 것이니 자신 있게 얘기할 수 있다. 신경 쓰고 싶지 않다고 해서 신경이 가지 않는 건 아니겠지만, 자기 자신을 변화시키고 싶은 사람이라면 노력을 멈추지 않을 것이다. 이를 위한 구체적인 방법에 대해서는 이미 앞부분에서도 여러 번 소개했다. 결국 내가 지금 하고 싶은 말은 '자신이 할 수 있는 행동을 하라'는 것이다.

타인은 내가 아무리 열심히 노력한다 해도 결코 변하지 않는 존재다. 내가 변화시킬 수 있는 것은 오로지 나 자신, 그리고 나에게 영향받는 주변 환경뿐이다. 아예 포기하고 남편에게 맞출 자신이 있다면 그렇게 하라. 하지만 죽어도 남편 잔소리를 듣기 싫다면 차라리 귀를 막고 밖으로 나가라.

걱정도 습관이다

마침내 결단, 그리고 결정
실천 Tip 2

상대가 바뀔 것이라는 기대를 접을 것

인간관계 문제에서 가장 좋은 것은 상대와 당신이 동시에 '무언가 잘못됐다'는 의식을 갖고 이를 해결해나가려는 의지를 보일 때다. 하지만 대부분의 관계에서 문제의식을 갖는 것은 양쪽이 아닌 한쪽, 특히나 상처받고 있는 당신 쪽일 가능성이 크다. 많이 들어온 얘기지만, 상대는 웬만하면 바뀌지 않는다. 상대에게 문제의식을 심어주려고 괜히 애쓰지 마라. 당신 마음만 무너진다.

내가 할 수 있는 행동을 할 것

어차피 상대를 바꿀 수 없으니 상처받는 관계에서 내가 할 수 있는 행동을 하자. 극단적으로 관계를 끊을 수도 있겠고, 상대를 잠시나마 피할 수도 있을 것이다. 아니면 상대에게 아예 관심 끄는 연습을 시작할 수도 있다. 이때 중요한 것은 어떤 식으로든 내가 상처받지 않기 위해 최선을 다하는 것이다.

상대의 감정을 미리 재단하지 말 것

왠지 친한 누군가의 태도가 최근 묘하게 바뀐 것 같다거나 다른 누군가가 나를 싫어하는 것 같다는 생각이 들 때가 있다. 그 생각 때문에 머리가 복잡해지는 일은 절대 피해야 한다. 딱 정한다. 누군가가 당신에게 대놓고 싫다고 하거나 문제가 있다고 하지 않는 한 그 사람은 당신을 싫어하지 않는 것이다. 이 원칙을 늘 기억하라. 불편한 마음이 조금은 풀어질 것이다.

나를 둘러싼
환경부터 바꾸어라

교통사고 사망률을 줄이려고 할 때 '안전하게 운전하라'는 공익 광고 메시지를 지속적으로 전달하는 것과 안전벨트의 성능을 획기적으로 개선하는 것 중 어느 쪽이 더 효과적일까? 둘 다 중요하겠지만 나는 후자 쪽이 더 효과적이라고 생각한다.

최초로 만들어진 자동차는 오로지 앞으로 가는 것만이 목적이었다. 거기에 계속 차체를 개선하고, 신호등을 비롯한 시스템이 들어서고, 도로가 개선되고, 브레이크 성능도 좋아지고, 안전벨트와 에어백 등이 추가되면서 자동차는 점점 안전해지게 됐다. 만약 이런 개선 없이 계속 안전하게 차를 몰자는 캠페인만 했다면 교통사고 사망자 수를 줄이는 데 한계가 있었을 것이다.

우리는 흔히 '마음먹기'가 중요하다고 말하지만, 환경을 바꾸

걱정도 습관이다

지 않고서 해결되는 일은 거의 없을 때가 많다. 교통사고를 줄이는 데 어떤 캠페인보다 안전벨트가 더 효과가 있는 것처럼 인생을 살아가는 데 있어서도 마음먹기보다 더 중요한 것은 환경, 즉 상황이다. 상대를 움직이고자 한다면 상대의 마음에 호소할 것이 아니라 상대가 움직일 수밖에 없게끔 상황을 만들어야 한다. 나 자신을 바꾸고자 한다면 마음을 굳게 먹기에 앞서 바로 지금부터 내가 스스로에게 약속을 지킬 확률이 높아지도록 환경을 만들어가야 한다.

문제가 생길 만한 상황 자체를 차단하라

시험 기간에 본격적으로 시험공부를 시작하기 전 TV 리모컨을 만지작거리고, 냉장고 문을 열었다 닫았다 하고, 컴퓨터를 켰다 끄길 반복했던 경험. 누구나 한 번쯤 있을 것이다. 할 일은 많은데, 자꾸 잡생각이 들고 딴짓이 하고 싶어 참기 힘들 때가 있다.

'내가 이러면 안 되지. 다시 마음을 잡아야겠다.'

고개를 저으며 의지를 다지지만, 그 의지란 놈은 채 몇 시간 가질 못한다. 이럴 때는 다른 도리가 없다. TV 선을 뽑고, 냉장고에서 간식거리를 없애고, 컴퓨터 연결을 끊어야 한다.

나이는 차는데 결혼을 못해서 늘 걱정인 사람은 어떻게 해야 할까? 자기 성격을 분석하고 스타일을 바꾸고……. 다 좋다. 하지만 우선 이성이 많은 곳에 가야 한다. 이성을 만날 기회를 최대한 늘려야 연애도 하고 결혼도 할 수 있는 것이다.

지금까지 이 책을 찬찬히 읽어왔다면 확실히 느꼈을 텐데, 우리가 세상을 살면서 믿지 말아야 할 한 가지가 있다면 그것은 바로 마음이다. 마음이란 참으로 간사해서 자기 본모습을 감쪽같이 숨겨 우리를 헷갈리게 한다. 내 마음도 그렇고 남의 마음도 그렇다. 그러니 이 마음에 전적으로 의지하는 것은 너무나 위험한 일이다.

술 생각이 끊이질 않아 고생인 알코올의존증 환자가 있었다. 그는 약을 먹을 땐 좀 잠잠했지만, 서서히 약을 줄이면 술 생각에 정신을 차리지 못했다. 자기만 바라보는 토끼 같은 아내와 딸을 생각하며 여러 번 마음을 다잡았지만, 굳은 다짐은 번번이 깨지고 말았다.

그는 고심 끝에 퇴근길을 바꿔 단골 술집 앞을 지나치지 않기로 했다. 그리고 저녁 시간을 비워놓으면 자기도 모르게 술 약속을 하게 된다면서 당분간 팀의 야근을 도맡아 하겠다고 자청했다. 가족들에게도 협조를 당부했다. 예전에는 술을 너무 많이 마셔서 아침에 일어나질 못해 출근을 못하게 되면 아내가 회사에 전화를 걸어 대신 핑계를 대주곤 했다. 그는 아내에게 지금부터는 같은 일이 생기면 절대 그러지 말아달라고 부탁했다. 자기 행동에 대한 책임을 분명히 자신이 질 수 있게 해달라는 것이었다.

매일 마시던 술을 딱 끊고 나니 처음에는 술 생각이 너무 나서 미칠 것 같았다. 그러나 야근을 하느라 몸도 피곤하고 술집과 편의점이 없는 길로만 퇴근을 하다 보니 술을 마시러 가는 것도, 술을 사러 가는 것도 너무 귀찮게 느껴졌다. 결국 '에이, 그냥 좀 참자' 하는 마음이 먼저 들었다. 그렇게 하루, 이틀, 한 주, 한 달이 지나자 술 생각이 상당 부분 잦아들었다.

물론 내가 처한 상황을 곧바로 바꾸기 어려운 경우도 있다. 이를테면 '절대 가난의 상태'에 놓인 이들이 대표적이다. 이런 상황에서는 로또가 되지 않는 이상 갑자기 큰돈을 벌어 환경을 바꾸는 일이 거의 불가능하다. 단순히 '나는 마음이 부자니까' 따위의 어쭙잖은 자기 위안도 통할 리 만무하다.

절대 가난의 상태에 놓인 이들은 매사 고민이 많을 수밖에 없다. 친구들 모임에 나가서도 '밥값이 얼마나 나왔나' 생각하며 안절부절못하다가 누군가가 "오늘은 내가 낼게"라고 하는 한마디에 안도감과 비참함을 동시에 느끼는 것이 이들이다. 행여 2차에 가자는 사람이라도 있을라치면 눈치를 보다가 "오늘은 집에 일이 있어서 들어가봐야 할 것 같아"라고 하면서 쭈뼛쭈뼛 눈치를 살피며 빠져나온다. 돈에 너무 연연하는 자신이 싫기도 하고 안쓰럽기도 하다.

이런 경우 지금 당장 주어진 상황을 타개할 뾰족한 수는 당연히 없다. 하지만 열심히 일하고 덜 쓰고 독하게 저축해서 상황을 조금씩 나아지게 만들 수는 있을 것이다. 다만 그 과정에서 겪을 심적 고통을 줄이고 싶다면 앞서와 같이 눈치를 보며 비참함을 느낄 법한 자리에는 가능하면 가지 않는 것이 좋다. 이 역시도 궁극적인 해결책은 아니지만, 과도기적인 해결책은 될 수 있겠다.

감정 노동자들에게는 매뉴얼이 필요하다

요새 '감정 노동'이라는 말이 여기저기서 정말 많이 쓰인다. 항공사 스튜어디스, 백화점이나 마트 점원, 각 제조사 고객센터나 콜센터 직원, 집집마다 방문해서 AS(애프터 서비스)를 해주는 기사, 텔레마케터, 보험설계사……. 아니, 어쩌면 이 말은 일보다 사람이 힘들다 말하는 이 시대 모든 근로자들에게 해당되는 것일지도 모른다.

이들이 가장 힘들어하는 대상은 모욕을 주는 고객이다. 특히 콜 센터 직원은 고객의 얼굴을 직접 보지 못하기 때문에 더욱 심하게 당하는 경우가 많다. 심지어 처음부터 끝까지 욕만 하다가 전화를 끊는 몰상식한 고객도 있다. 이런 전화를 한번 받으면 일 자체에 회의가 느껴지기도 하고, 상대가 조금만 짜증을 내도 자기에게 욕을 하는 것처럼 느껴져 더럭 겁이 나기도 한다.

이런 '진상' 고객은 그를 대응하는 직원 개인이 감당하고 끝낼 수 있는 문제가 아니라 시스템적으로 풀어야 할 문제다. 이런 사람들로 인해 극심한 감정 노동에 시달리고 있다는 생각이 들면 무조건 상부에 보고해서 절차에 따라 처리할 수 있어야 한다. 개개인이 백날 마음을 다스리고 돌부처처럼 도를 닦아봤자 절대 해결할 수 없는 문제다.

그래서인지 요새는 대부분의 서비스 직종에 이런 진상 고객을 어떻게 대해야 하는지 적어놓은 특별한 매뉴얼이 존재한다. '특정 직원에게 어느 진상 고객이 모욕적인 언사를 퍼붓는 불미스러운 일이 두 번 이상 발생하면 그 고객을 다른 직원이 맡아 응대할 것. 그래도 그 고객이 태도를 바꾸지 않으면 곧바로 상급자에게 연결해서 금전적으로 해결할 것. 그 고객으로 인해 과도한 스트레스를 받고 업무에 지장이 생길 정도로 큰 타격을 입은 직원에게는 팀장 재량에 따라 사흘간의 휴가를 줄 것'과 같은 식이다.

본인이 감정 노동으로 인해 극심한 스트레스에 시달리고 있는데 회사에 이런 시스템이 마련되어 있지 않다면 구체적인 대책을 만들어달라고 강력히 요청해야 한다. 이런 시스템이 갖춰지지 않은 상태에서 지속적으로 감정 노동에 시달렸다가는 어차피 오래 일할 수 없을 것이다(실제로 이런 문제를 제대로 해결하지 못하고 있는 업계에서는 이직률이 타 업계에 비해 현저히 높은 편이다).

3단계: 마침내 결단, 그리고 결정

회사 입장에서도 직원들의 이직이 잦은 것은 장기적인 매출 달성에 치명적인 손해를 끼칠 수 있기 때문에 이러한 직원의 요구를 진지하게 검토하고 어느 정도 수용할 가능성이 크다.

마침내 결단, 그리고 결정

실천 Tip 3

문제 상황을 차단할 것

언제 어디서든 환경이 중요한 법이다. 환경이 인간을 만들고, 또 문제도 만든다. 술을 끊어야 하는 사람은 술 생각이 나지 않도록 술자리에 가지 마라. 매일 명품 얘기만 하는 친구들이 부담스럽다면 그 친구들과의 만남을 되도록 피하라. 나의 몸과 마음에 피해를 줄 만한 상황은 단호하게 끊어야 한다.

내가 처한 환경을 바꾸려고 부단히 애쓸 것

'안분지족安分知足'이라는 말도 있지만, 어쨌든 세상은 부족함을 견디지 못하고 불만을 가질 때 조금씩 발전해온 것이 사실이다. 내가 처한 환경이 마음에 들지 않는다면 원하는 방향으로 나아갈 수 있도록 구체적으로 계획을 세우고 부단히 노력하자. 앉아서 불평만 하는 사람은 영원히 부정적인 생각의 감옥에 갇혀 평생 만족스럽지 않은 환경에서 살아갈 것이다.

감정 노동 매뉴얼이 마련된 직장에 다닐 것

개개인이 업무로 인해 발생하는 스트레스를 완전히 다스리는 것은 쉬운 일이 아니다. 특히 작정하고 덤벼드는 고객을 상대하는 사람들은 아무리 정신력이 강하고 마음 그릇이 넓다 해도 밀려드는 부정적인 생각에 몸과 마음이 병들기 쉽다. 이는 반드시 조직 차원에서 해결되어야 하는 문제다. 만약 당신이 몸담고 있는 조직에 이에 대한 내부 지침이 마련되어 있지 않다면 상부에 강력하게 항의하라. 혼자 힘으로 어렵다면 동료들의 의견을 모아 함께 제출해도 좋다. 그래도 이 문제가 개선되지 않는 조직이라면 아무리 먹고사는 문제가 걸려 있어도 그만두는 편이 낫다. 인생을 길게 보자. 마음 건강은 몸 건강만큼이나 중요하다.

걱정도 습관이다

가끔은
나쁜 사람이 되어도 괜찮다

걱정 많고 생각 많은 사람들은 남에게 비난받는 것을 극도로 두려워한다. 무언가 조금만 잘못해도 누군가가 나를 격렬하게 비난할 것만 같다. 남과 좀 다르게 살고 싶다고 생각하다가도 '내가 이렇게 말하면 다른 사람들이 나를 어떻게 바라볼까?' 하는 생각에 사로잡히게 되면 하려고 했던 모든 시도를 중단해버린다.

문제는 자신이 나름대로 열심히 무언가를 했는데, 누군가가 끼어들어 중간에 이러쿵저러쿵 간섭하거나 뭐라고 하면 걷잡을 수 없이 화가 난다는 것이다. 제발 내가 그 일을 끝낼 때까지는 아무도 나를 건드리지 않았으면 좋겠다. 아무리 소심한 사람이라 해도 최소한의 '나는 나' 영역은 있는 법이라서 누군가가 나에게 간섭하면 상대가 미워지고 짜증스럽게 느껴지는 것이 당연하다.

나쁜 짓 좀 한다고 큰일 나지 않는다

심리학자인 토머스 해리스Thomas A. Harris는 자신의 저서 《마음의 해부학》에서 삶의 자세를 다음 네 가지로 나눈다.

- 자기 긍정I'm OK - 타인 긍정You're OK
- 자기 긍정I'm OK - 타인 부정You're not OK
- 자기 부정I'm not OK - 타인 긍정You're OK
- 자기 부정I'm not OK - 타인 부정You're not OK

'자기 긍정-타인 긍정' 유형은 자신에게 너그럽고 타인에게 도 너그럽다. '자기 긍정-타인 부정' 유형은 자신에게는 너그럽 고 타인에게는 엄격하다. '자기 부정-타인 긍정' 유형은 자신에 게 엄격하고 타인에게 너그럽다. '자기 부정-타인 부정' 유형은 자신에게 엄격하고 타인에게도 엄격하다.

소심하고 걱정이 많은 이들은 자신에게 엄격하고 타인에게는 너그러운 경우가 많다. 따라서 항상 자신이 올바르게 행동해야 한다고 생각하며 스스로에게 엄격한 잣대를 들이댄다. 사실 이 런 사람들은 자기 기준이 워낙 단단해 타인에게도 너그러울 수 가 없다. 다만 그것을 전면에 드러내지 못할 뿐이다. 이들은 남에 대해 마음속으로는 엄격하지만, 정작 상대가 멋대로 행동해도 뭐

걱정도 습관이다

라고 하지 못한다. 그러다 보니 자기만 지킬 것 지키고 산다며 억울해한다. 타인은 비윤리적이고, 게으르고, 표리부동하고, 무례하고, 무책임하다고 여긴다. 이에 상처받으며 자기만 올바르게 사느라 희생한다고 생각한다.

실제로 내가 아는 어떤 환자는 마흔 살이 되도록 단 한 번도 지각을 해본 적이 없고 약속도 어겨본 적이 없다고 했다. 그는 자신이 이렇게 올바르게 사는데도 남들이 알아주지 않는 것 같아 속상하다고 했다. 나는 그에게 착한 사람으로 사는 것을 억울해하지 말고 앞으로는 조금 나쁜 사람이 되어보는 게 어떻겠느냐고 했다. 그동안 착하고 바른 사람이 되기 위해 노력해왔으니 지금부터는 제멋대로 행동하며 못된 사람이 되기로 결심해도 괜찮다고 했다. 이렇게 '바른 사람 콤플렉스'에 빠져 엄격한 자기 기준 때문에 괴로워하는 사람들은 자기 기준에서 기를 쓰고 나쁜 짓을 해봤자 남들이 보기에는 그저 귀여운 일탈 정도 저지르는 경우가 대부분이다. 그러니 아무 나쁜 짓이나 한번 해보아도 괜찮다.

우선 조그만 잘못을 저질러서 실제 끔찍한 결과가 나오는지 나오지 않는지 시험해보라. 대학생이라면 한번쯤 학교에 결석해보아도 좋다. 처음에는 교수님이 노발대발하실 것 같고, 부모님이 엄청 실망하실 것 같고, 성적에 치명적인 영향을 끼칠 것 같아 걱정이 수두룩하게 펼쳐질 것이다. 그러나 결국 내가 하루 결석

한 것에 아무도 신경을 쓰지 않으며, 성적에도 걱정한 만큼의 영향이 있지는 않다는 것을 깨닫게 될 것이다. 직장인도 마찬가지다. 급한 일이 생겼다고 둘러대고 직장에 한번 지각해보라. 그런 일이 자주 있었던 것도 아니고, 처음 있는 일로 사람들이 나를 비난하지는 않는다.

사소한 거짓말을 해보는 것도 괜찮다. 이야기를 과장되게 부풀려 해보자. 허풍을 치는 것이다. 사람들은 이런 내 이야기를 재미있어할 뿐 굳이 그 말이 진실인지 캐묻지 않는다. 설혹 이야기를 다 해놓고 "뻥이야!"라고 외쳐도 나를 욕하는 사람은 없다.

사사건건 거짓말을 하라는 것이 아니다. 앞서 비밀을 만들지 말라고 얘기했다시피 너무 거짓말을 많이 하면 나중에 수습하느라 고생이다. 다만 인생을 한 치의 오차 없이 살아가려고 애쓰다 보면 너무 피곤해진다는 것이다.

조금 게을러지는 것도 나쁘지 않다. 그간 약속 시각보다 항상 일찍 모임에 도착하는 편이었다면 정해진 시각보다 일부러라도 늦게 가보자. 적어도 사람들이 절반 이상 모였을 때쯤 도착하라.

받고 싶지 않은 전화도 반사적으로 다 받는 사람이 있다. 앞으로는 받고 싶지 않은 전화는 받지 말고, 답하고 싶지 않는 문자 메시지는 그냥 건너뛰자. 나에게도 타인으로부터 간섭받지 않을 권리가 있다.

구두로 약속하긴 했지만, 아니다 싶으면 생각을 뒤집어도 된

걱정도 습관이다

다. 설혹 계약을 했더라도 '아차, 이건 아닌데' 하는 생각이 들면 24시간 안에 물러달라고 요구할 수 있어야 한다.

"미안해"를 버리고 가면을 써야 할 때

잘못한 일도 없으면서 "미안해" "죄송합니다" 하는 말을 입에 달고 사는 것도 문제다. 의미 없이 습관적으로 나오는 사과는 도리어 정직하지 못한 사과다. 이는 혹시라도 상대의 마음을 상하게 하면 나쁜 얘기를 들을까 봐 두려워하는 무의식에서 비롯된 것으로 '나에게 상처를 주지 마세요' '나 좀 건드리지 마'라는 신호기도 하다.

그러나 이런 말을 입에 달고 살면 상대는 자기가 잘못해놓고도 적반하장으로 나에게 사과를 요구하는 일이 빈번해진다. 어떤 때는 어조 등으로 내가 진짜 미안해하는 건 아니며 단지 경계 신호로서 그런 말을 한다는 걸 눈치채곤 "왜 진짜 미안해하지도 않으면서 자꾸 그런 말을 해서 화를 더 돋우느냐"라며 짜증을 내기도 한다. 지나친 예절은 어떤 점에서 보면 상대에 대한 공격이기도 하다. 조롱으로 비춰질 수도 있는 것이다.

진짜 큰 잘못을 저지르지 않는 한 단 하루라도 미안하다는 말, 죄송하다는 말을 절대로 하지 말고 참아보자. 미안하다는 말

3단계: 마침내 결단, 그리고 결정

대신 차라리 "고맙습니다"라고 해보자. 상대와의 관계가 이전보다 훨씬 부드러워질 것이다.

이 말에 거부감을 느끼는 사람도 있을지 모른다. 그러나 우리는 사람들에게 가면을 보여주어야 할 때도 있다.

"나는 나다." "나 자신을 찾아야 한다." "진정한 나를 찾아서 자아실현을 해야 한다."

모두 바람직한 말이다. 하지만 우리는 부모에게는 자식으로, 아내에게는 남편으로, 남편에게는 아내로, 자식에게는 부모로 살아가야 하고, 직장에서는 사회인으로 살아가야 한다. 내면의 모습과는 다른, 남에게 보이는 모습도 필요하다. 그것을 카를 융Carl G. Jung은 '페르소나Persona'라고 표현했다.

너무 착한 사람들은 누구에게나 나를 있는 그대로 진실하게 보여주어야 한다고 생각한다. 누군가에게 잘 보이고 싶다는 생각에 자기도 모르게 호감을 사기 위한 행동을 하는 경우 스스로가 가식적이라는 생각이 들면서 곧 위축된다. 그런데 타인이 굳이 보고 싶어 하지 않는 내 모습까지 그대로 보여주어야만 하는 것일까? 차라리 상대가 원하는 대로 가면을 보여주는 것이 나도 상처받지 않고, 남도 상처받지 않는 방법 아닐까?

이런 민담이 있다. 옛날 옛적에 어떤 사람이 있었는데, 그는 너무나 정직해서 장사를 하면 항상 손해를 봤다. 하루는 그가 산신령을 구했다. 산신령이 그 대가로 소원을 말하라고 하자 그는

걱정도 습관이다

자신이 너무 정직해서 문제라고 했다. 그러자 산신령은 그에게 심장을 떼어서 보관하는 능력을 줬다(과거 사람들은 마음이 심장에 있다고 믿었다). 그 사람은 장사를 하기 위해 집에서 나올 때는 심장을 장롱 깊숙이 숨겨놓고 나왔다. 이후 장사를 할 때는 완전히 다른 사람이 됐다. 집에 돌아와서 심장을 다시 가슴에 끼워 넣으면 원래의 착하고 정직한 자신으로 돌아왔다.

심장을 장롱 속에 두고 다녔던 이 사람처럼 우리도 밖에서 사람들을 만날 때는 '보통 사람'으로 사회적인 관계만 유지하면 된다. 사람들이 보고 싶어 하는 모습을 보여주고 자신도 보여주고 싶은 모습만 보여주면 그만이다. 이렇게 사람들을 대하는 가면을 만드는 것도 한 방법이 될 수 있다.

"미안해"라는 말 또한 "고마워"라는 말처럼 일종의 사회적 가면 아니냐고 말하는 사람이 있을지 모른다. 하지만 "미안해"는 나를 낮추고 타인에게 불편함을 줄 수 있다는 점에서 "고마워"보다 한 수 아래에 있는 사회적 가면이라고 할 수 있다. "미안해"란 말을 입에 달고서 착한 사람으로만 살다간 내 마음에 멍이 가시질 않는다.

너무 착한 사람이 되려 하지 말자. 너무 바른 사람으로 살려고만 애쓰지 말자. 때로는 사회생활을 잘하기 위해 가면을 써야 할 때도 있다. 내 도덕적인 기준에 어긋난다 해도, 양심에 조금 찔려도 가끔 나쁜 짓을 해보자. 그래도 생각했던 것만큼 큰일 나

지 않는다. 때로는 남을 위해서도, 보통은 나를 위해서도 그것이
훨씬 좋은 방법일 때가 많다.

걱정도 습관이다

마침내 결단, 그리고 결정

실천 Tip 4

지각을 해보거나 약속을 어겨볼 것

자로 잰 듯 정확하게 살아가는 게 체질인 사람도 있다. 그게 불편하지 않은 사람은 계속 그렇게 살면 되지만, '나는 이렇게 바르게 사는데 남들은 대체 왜 그러는 거야?' 하며 갖은 억울한 마음이 든다면 무언가 잘못된 것이다. 학교나 회사, 모임에 지각을 해보라. 약속을 하고 나서 지키기가 싫어진다면 곧바로 약속을 취소해보라. 사람이 억울하게 살면 안 되지 않은가.

"미안해" "죄송합니다"라는 말은 잊을 것

자신이 습관적으로 미안하다는 말을 하고 다니진 않은지 돌이켜 보라. 그렇다는 생각이 들면 단 하루라도 이 말을 쓰지 않기 위해 의식적으로 조심해보자. 습관적으로 하는 "미안해"라는 말은 상대의 짜증을 유발할 수도 있다. 차라리 "고마워"라고 하자. 아무리 많이 들어도 지나치지 않은, 기분 좋은 말이니 말이다.

적절한 사회적 가면을 쓸 것

모든 사람에게 진실한 모습을 보여야 한다는 강박에서 벗어나자. 가정에서, 학교에서, 사회에서 당신이 맺게 되는 서로 다른 관계의 특성에 따라 상대가 원하는 모습을 보여주어야 할 때는 그렇게 하는 것이 나을 때가 있다. 사람들이 보고 싶어 하는 얼굴, 당신이 보여주고 싶은 얼굴로 상대를 대해도 아무런 문제가 없다. 오히려 그것이 관계에 더 좋은 요인으로 작용할 수도 있다.

걱정쟁이와의
지독한 관계를 끊자

정말 가깝고 좋긴 한데 만나자는 전화만 오면 기운이 쭉 빠지면서 왠지 만남을 자꾸 미루고만 싶어지는 친구가 있다. 그 친구는 만날 때마다 자기 얘기를, 그것도 듣고 싶지 않은 불평불만과 온갖 근심을 한 보따리 털어놓는다.

"내 남자친구는 사사건건 날 무시해. 자기가 나보다 일곱 살 많다고 완전 나를 애 취급한다니까. 말끝마다 '너도 나이 먹어봐라' 이러는데, 으휴, 나이 많은 게 무슨 벼슬이야? 오늘은, 글쎄, 자기 친구들 앞에서 나를 완전히 깔아뭉개는 거 있지. 정말 내가 이런 사람하고 계속 사귀어야 해? 너무 자존심 상해."

쉴 새 없이 자기 얘기를 쏟아내는 친구 옆에서 고민 상담을 해준답시고 한 시간, 두 시간을 흘려보내다 밤까지 새워가며 함

걱정도 습관이다

께 술도 마셔주고 나름대로 해결 방법도 얘기해준다. 그래봤자 아무런 소용이 없다. 그 친구는 어차피 애정이 식지 않는 한 절대 그 남자친구와 헤어지지 않을 테니까. 말로만 '상담'일 뿐 사실 그 친구는 '하소연'이 하고 싶은 것이다.

타고난 걱정쟁이들은 불안을 전염시킨다

똑같은 일을 겪어도 불안을 느끼는 정도는 사람마다 다르다. 사소한 일에도 유난히 불안해하고 걱정스러워하는 사람이 있다. 이들은 혼자서만 고민하면 딱 좋겠는데, 무의식적으로 자기의 불안을 해소하기 위해 다른 사람에게 계속 본인 감정을 얘기한다. 상대가 "에이, 뭐 그런 걸 가지고 그래. 그 정도는 별것 아니야"라고 대수롭지 않게 받아 넘겨도 "아냐, 정말 심하다니까? 그렇게 웃을 일이 아니라고"라고 반박하며 계속 상대에게 불안을 강요한다. 상대가 그야말로 벽창호여서 이런 얘기에 끝까지 반응하지 않으면 곧 다른 사람에게 옮겨가 같은 말을 꺼낸다. 그러다 보면 불안이 전염되지 않으려야 않을 수가 없다.

이렇게 만나자마자 잘 지냈냐고 웃으며 인사하는 대신 무언가 잔뜩 불안한 표정으로 "나 고민 생겼어"라고 말을 건네는 사람들을 나는 '걱정쟁이'라고 부른다. 이들은 앞서 설명한 자아 경계선이 분명하지 않은 사람들을 집중적으로 공략한다. 문제는 이들이 자기의 부정적인 얘기를 한참 쏟아놓다가 어느 순간부터 은근히 상대의 약점을 건드리기도 한다는 점이다.

걱정쟁이들은 자신의 약점을 한참 노출하다 보면 왠지 스스로가 비참한 듯한 기분에 휩싸인다. 자존심도 상한다. 그래서 슬며시 "너는 요새 어때?" 하고 화제를 상대에게로 돌린다. 착하고 배려심 깊은 상대는 왠지 고민 많은 사람 앞에서 "나는 완전 잘 지내지"라고 신나게 대답하기가 미안하다. 그렇다고 구구절절 내 고민을 털어놓는 것도 해선 안 될 일 같다. 그래서 "그저 그렇지, 뭐"라든가 "별로 재미가 없어"라고 애매하게 대답한다.

이 말을 들은 걱정쟁이들은 드디어 무언가 냄새를 맡았다는 듯이 하나하나 상대의 사생활을 캐묻기 시작한다. 이성 친구 혹은 배우자와의 관계가 가장 먼저 도마 위에 오른다. 그게 아니면 취직 문제나 승진 문제, 자녀 문제가 등장한다. 어쩌다 그중 한두 가지에 작은 문제가 있어 약간 힘든 기색을 내비치기라도 할라치면 걱정쟁이는 나보다 더욱 과장된 감정을 표현하며 나를 '걱정해준다.'

이런 친구와 얘기를 하고 하면 기분이 몹시 안 좋아진다. 친구의 부정적인 기운이 온몸에 독약처럼 퍼져 기운이 쭉 빠지는 것처럼 느껴지기도 한다. 그간 괜찮다고 여겼던 나의 온갖 관계들도 문제투성이처럼 여겨진다. 힘들지만 나름대로 잘 참으며 살

걱정도 습관이다

아왔는데, 친구의 부추김에 스트레스 지수가 폭발 직전까지 올라가기도 한다.

자아 경계선이 흐릿한 사람일수록 걱정쟁이들을 반드시 피해야 한다. 걱정쟁이들 옆에 있으면 결국 나쁜 생각만 많아지고 불안만 가중될 뿐이다.

꼭 피해야 할 위험한 통제광들

어떤 걱정쟁이들은 상대가 걱정하는 모습을 보며 마음속에서 우월감을 느낀다. 학교 다닐 때 보면 시험을 보기 전에 혼자 완벽히 준비해놓고는 주위 친구들에게 "어떡해. 나 공부 하나도 못 했어"라고 거짓말을 하는 아이들이 있다. 도대체 왜 그러는 것일까? 바로 자기 얘기에 곧 다른 친구들도 "나도 안 했는데, 큰일 났다" 하면서 불안해하는 모습을 보고 안심하기 위해서다. 타인의 감정을 착취해서 본인은 안정을 찾으려는 못된 속셈이다.

이런 아이들은 시험을 보고 나서도 "아, 나 완전히 망했어"라고 호들갑을 떠는데, 나중에 알고 보면 전체 문제 중에서 한두 개밖에 틀리지 않은 경우가 많다. 역시나 다른 친구들을 동요시킴으로써 본인은 안정을 찾으려는 것이다.

이보다 한 술 더 뜨는 걱정쟁이들이 있다. 바로 걱정하는 척하면서 자기 자랑을 하는 이들이다.

"지난해에 세금이 너무 많이 나와서 걱정이야."

세금이 많이 나왔다는 것은 그만큼 돈을 많이 벌었다는 의미다. 결국 이 얘기는 액면 그대로 세금이 많이 나와 괴롭다는 의미가 전혀 아니다. 같은 맥락에서 "관리비가 너무 세서 걱정"이라느니 "집값이 몇천만 원 떨어진 게 고민"이라는 말도 실은 진짜 걱정이 되어서 하는 말이 아닐지도 모른다.

그래도 이 정도면 순진한 편이다. 걱정쟁이 중에는 '통제광'도 존재한다. 이전에 내가 상담했던 어떤 부부는 시아버지의 지나친 걱정 때문에 갈등이 심했다. 이 시아버지는 부부가 가족 여행을 떠날 때마다 엄마와 아빠가 각각 딸과 아들을 데리고 서로 다른 비행기를 타야 한다고 우겼다. 그래야지 비행기가 사고로 추락을 해도 어느 한쪽이 살아남는다는 기가 막힌 이유에서였다.

기껏 즐겁게 여행을 가려고 하는데, 누군가가 "비행기가 추락할지도 모르니……" 하는 이야기를 꺼내면 어떻겠는가? 좋은 기분이 순식간에 불쾌하게 변하지 않겠는가? 이 부부는 시아버지 몰래 같은 비행기를 타고 해외여행을 다녀왔는데, 뒤늦게 이 사실을 안 시아버지가 노발대발하는 바람에 시댁과의 관계가 돌이킬 수 없을 만큼 악화되고 말았다.

남에 대해 지나치게 걱정하면서 잔소리를 하는 이들의 특성 중 하나는 타인의 불편을 과소평가한다는 것이다. 옆에서 참견하

걱정도 습관이다

는 이들은 상대가 오토바이를 타겠다거나 스쿠버다이빙을 배우겠다는 말에 그렇게 위험한 일을 왜 하느냐며 걱정한다. 하지만 당사자는 그 일을 통해 즐거움, 기쁨, 행복을 느낀다. 간섭하는 이들은 자신이 그런 활동에서 즐거움, 기쁨, 행복을 전혀 느끼지 못하기에 그런 활동을 그저 무가치한 것으로 치부한다.

이들은 걱정의 형태로 남을 통제하고자 한다. 대표적인 것이 위 사례와 마찬가지로 지나치게 자녀를 통제하려 드는 부모다. 이들 부모는 아이가 아주 어릴 때부터 이런 양상을 보인다. 이들은 모두 다 아이의 미래를 위해 그러는 것이라며 아이에게 엄청난 사교육을 시키는 것에 대해 핑계를 댄다. 그러나 실은 아이가 노는 꼴을 죽어도 보지 못하는 통제광일 가능성이 다분하다. 이들에게는 사교육이 일종의 통제 수단인 셈이다.

이외에도 통제광들은 자신이 직접 타인의 삶의 기준을 세우는 걸 즐긴다. 그리고 그 기준에 맞게 행동하도록 주변 사람을 닦달하는 데 일가견이 있다. 상대가 무언가 실수를 하거나 자기 기준을 벗어나면 곧바로 간섭에 돌입한다.

나는 사람들에게 가능하면 만날 때마다 하소연하며 부정적인 추측을 일삼는 사람을 주변에 두지 말라고 충고한다. 뼛속까지 걱정으로 가득 찬 부류와는 관계를 끊는 것이 상책이다. 내가 이들의 얘기를 잘 들어주면 언젠가 이들이 변화할 것이라고 기대하지도 말자. 조금만 참으면 된다고 스스로를 억눌러서도 안 된다.

3단계: 마침내 결단, 그리고 결정

문제는 그런 사람이 결코 나와 끊을 수 없는 관계에 놓여 있을 때, 즉 그런 상대가 부모라든가, 매일 보아야 하는 한 사무실의 동료라든가, 같은 동아리 선후배일 때다. 이럴 때는 최대한 그 상대와 부딪치는 일을 피해야 한다. 그리고 가능하면 유쾌하고 매사 긍정적인 사람을 찾아 어울리려고 해야 한다. 특히나 자아 경계선이 희미한 사람은 주변 사람들의 영향을 많이 받기 때문에 정신적으로 안정된 사람과 함께해야 본인의 정신 상태도 건강해질 수 있음을 다시 한번 명심하길 바란다.

걱정도 습관이다

마침내 결단, 그리고 결정
실천 Tip 5

걱정쟁이들은 우선 피하고 볼 것

나부터도 머릿속이 복잡해서 미치겠는데, 만나면 하소연만 해대는 사람을 계속 보아야 할까? 절대 안 된다. "너만 만나고 나면 힘이 쭉 빠져. 당분간 너랑 만나지 말아야 할 것 같아"라고 솔직하게 말하고 싶겠지만 이 마음은 잠시 넣어두고(사실 그렇게 할 수 있는 사람도 많지 않다), 갖은 핑계를 대면서 가능하면 만남을 피하자.

어쩔 수 없이 만났다면 이야기 흐름을 조정할 것

걱정쟁이들은 자기 얘기를 한참 하다가 "그런데 너는?"이라며 대화의 흐름을 자연스레 돌리곤 한다. 하소연을 한참 퍼부은 친구 앞에서 좋아 죽겠다는 얘기를 할 수는 없는 노릇. 그래서 나도 요새 힘들다는 이야기를 하다 보면 어느새 나는 친구의 걱정을 한몸에 받는 불행한 사람이 되어 있다. 없는 걱정도 생길 판이다. 따라서 이런 걱정쟁이들과 이야기를 할 때는 되도록 얘기 흐름이 당신에게 넘어오지 않도록 잘 조정하라. 넌 어떠냐고 묻는 말에 "그냥 비슷하지, 뭐" "난 특별할 게 없어"라고 하면서 자연스럽게 대화의 물꼬를 친구 쪽으로 돌려라.

통제광과는 관계를 끊을 것

당신을 걱정해준다는 핑계로 당신의 삶의 모든 부분에 간섭하려는 치밀한 통제광들이 있다. 이들은 대개 말도 잘 통하지 않고 일방적으로 강요만 한다. 이런 사람과는 아예 인연을 끊는 게 상책이다. 관계를 끊을 수 없는 상황이라면 되도록 마주치지 않기 위해 모든 수단을 동원하자. 그런 대상이 자기 부모나 시부모라면 명절 때만 만나고, 같은 회사 동료라면 점심시간을 함께하지 마라. 동창 중에 이런 친구가 있다면 아예 동창회에 발길을 끊는 게 나을 수도 있다.

걱정도 습관이다

이제 슬슬
바퀴를 굴릴 때

살다 보면 도무지 답이 안 나오는 것 같은 때가 종종 있다. 무엇보다 지금 하는 일에 비전이 없어 보인다. 그런데 배운 게 도둑질이라고 그나마 지금 하는 일보다 더 잘할 자신이 있는 일도 없긴 하다. 그렇게 이러지도 못하고 저러지도 못하는 사이에 나이가 들어 자리에서 밀려나면 갈 곳이 없을 터. 평생 한 직장에서 일하고 싶어도 그게 거의 불가능한 세상이다.

그러다 보니 직장에 다니고 있으면서도 '뭐 다른 일 없나'만 줄곧 생각하는 사람들이 있다. 이들은 현재 다니는 직장이 그저 잠시 내가 스쳐가는 곳이라고 생각한다. 대학원 갈 등록금을 모으기 위해, 유학 준비를 위해, 더 조건 좋은 직장으로 옮겨가기 위한 커리어를 만들기 위해, 언젠가 내 사업을 하기 위한 경험과

인맥을 쌓기 위해 좀 마음에는 안 들지만 꾹 참고 다니는 곳이 직장이라고 여긴다.

이런 생각으로 직장을 다니는 사람이 일을 열심히 할 리 없다. 대강대강 어설프게 일을 하다가 실수를 저지르기 일쑤다. 당연히 회사에서는 일 못하는 사람, 덤벙대는 사람으로 찍히게 된다. 그러면 회사에 더 정 붙이기가 어려워진다. 친구들만 만나면 "먹고살려고 어쩔 수 없이 다니는 거지"라는 둥 "내가 이놈의 회사 언제까지 다니나 봐라"라는 둥 회사 욕을 해대기 바쁘다. 이런저런 포부도 밝힌다. "딱 올해까지만 버텨보고 아니다 싶음 바로 관둘 거야" "내년이 마지노선이야. 그때도 월급 안 올려주면 진짜 끝이다" 하며 지키지도 못할 공약을 남발한다. 이렇게 말해놓고는 어영부영 10년이고 20년이고 잘리기 전까지 잘 다니는 사람들이 대부분이다.

우유부단한 사람에게는 걱정도 습관이다

그런데 이렇게 걱정만 하면서 시간을 보내면 그것이 나중에는 어느새 습성으로 굳어지고 만다. 회사를 대충대충 다니며 열심히 일하지 않는 사람들의 단골 멘트 중 하나가 "내가 내 사업 시작하면 진짜 뼈가 부서지도록 열심히 일할 거야"라는 것이다. 그런데 이런 사람들이 정말 자기 사업을 시작하고 나면 정반대로 태도를 바꾸어 미친 듯이 일할까? 처음 몇 달간은 그럴지도 모르지만, 정말 끝까지 성실하게 그 페이스를 유지하며 사업에 성공하는 사람을 나는 본 적이 없다. 자기 사업체를 견실하게 운영해나가는 사람은 어떤 회사에 데려다놓아도 월급쟁이처럼 일하지 않고 사장처럼 일한다. 성실한 사람은 환경 탓을 하지 않는다. 이렇게 놓고 보면 결국 게으름도 성실성도 모두 습성이라는 점을 알 수 있다.

걱정도 마찬가지다. 걱정도 습관이다. 처음에는 특정한 상황이 근심을 만들어낸다. 그런데 이렇게 생겨난 근심이 결국 나를 점점 더 주눅 들고 주저하게 만든다. 즉 나의 긍정적이고 활기찬 에너지를 모두 빼앗아간다는 것이다. 어느 순간 정신을 차리고 보면 어느새 나는 무척이나 수동적인 인간으로 변모해 있다.

이때부터는 혼자 이런저런 생각만 많아지면서 문제를 해결하지 못해 전전긍긍하는 시간만 길어진다. 사랑하는 사람이 생겼다. 이 사람과 사귀고 싶으면 어쨌든 고백을 해야 한다. 아니, 최소한 상대의 마음을 떠볼 수 있게 좋아하는 티라도 내야 한다. 그런데 괜히 고백했다가 차이면 어쩌나 걱정이 된다. 살짝 좋아하는 티라도 냈다가 상대에게 헤픈 사람이라거나 바람둥이라거나 하는 오해를 받을까 두렵다. 결국 혼자 수년간 가슴앓이만 하다 짝사랑 상대가 제짝을 만나 행복하게 결혼하는 뒷모습만 쓸쓸히

3단계: 마침내 결단, 그리고 결정

바라보고 자기 혼자 사랑을 끝내는 답답한 사람들이 허다하다.

한번 이런 일이 벌어지면 그다음부터는 인생의 중요한 결정을 내려야 하거나 선택의 기로에 설 때마다 습관처럼 걱정하게 된다. 흔히 말하는 우유부단한 사람이 되는 것이다. 이런 지나친 망설임은 결국 우리에게 펼쳐질지 모를 아름다운 미래, 행복한 앞날을 번번이 앗아가버린다.

여기서 재미있는 사실 하나. 바람둥이 남자의 프러포즈 성공 확률과 보통 남자의 성공 확률은 얼마나 차이가 날까? 놀랍게도 거의 차이가 없다고 한다. 바람둥이의 상당수는 평범하다. 그런데도 그 남자 주위에 여자가 끊이지 않는 이유는 그가 유독 매력적이라서가 아니라(물론 어느 정도 그런 부분은 있겠지만) 수도 없이 많은 여자에게 고백하기 때문이라고 한다. 많은 여자에게 고백을 하니 차이는 횟수만큼이나 성공하는 횟수도 많을 수밖에 없다는 것이다.

인생의 모멘텀 효과를 기억하라

경영학에는 '모멘텀Momentum 효과'라는 개념이 있다. 스케이트를 타다가 탄성이 붙으면 속도가 배가 되는 시점이 있듯이 인생을 살다 보면 여러 가지 의미로 탄성이 붙게 되는 시점이 있다는 얘기다. 원래 계획했다거나 의도했던 것은 아니지만, 여러 가지 좋은 계기가 작용하여 나도 모르는 사이에 향후 진로가 성공적으로 펼쳐지는 것이다. 이를 바꾸어 말하면 에너지가 있을 때는 무슨 짓을 하든 일이 이루어지게 마련이라고 볼 수 있다.

아무리 좋은 계획을 갖고 있어도 불안감에 사로잡혀 전전긍긍하다 보면 결국 지리멸렬한 결과로 이어지고 만다. 그러나 엉망진창인 계획이라도 미친 듯이 추진하다 보면 예상치 못하게 멋진 결과를 만들어내기도 한다. 도저히 갈피를 잡지 못하겠고 어떻게 결론을 내려야 좋을지 모르겠다 싶은 상황이 왔을 때 일단 '질러보는' 정신이 필요한 것도 이 때문이다.

유학 준비를 완벽하게 끝냈다. 막상 원하는 대학에 합격까지 했는데 망설여진다. 다녀와서 무엇을 할 수 있을지 너무 막막하다. 유학을 마칠 때쯤이면 친구들은 모두 사회에서 자리를 잡고 안정적으로 살아가고 있을 것 같다. 그렇다고 여기서 그만둘 텐가? 눈 딱 감고 앞으로 나아가라. 그래야만 여기서 인생 1막을 매듭짓고 성공적인 2막을 향해 나아갈 수 있다.

시험을 치는데 무슨 말인지 하나도 모르겠다. 그렇다고 아무것도 안 쓴 답안지를 제출할 텐가? 과제를 하긴 했는데, 완성도가 너무 떨어져서 부끄럽기 짝이 없다. 기한 내에 과제를 제출하지 않으면 교수님이 받지 않으시겠단다. 그렇다고 과제를 그냥 안 낼 것인가? F학점이 찍힌 성적표를 받을 것이 뻔한데도?

3단계: 마침내 결단, 그리고 결정

우리 앞에 닥친 크고 작은 문제들을 대할 때 거의 절반 이상은 답이 정해진 경우가 많다. 그럼에도 우리는 그 정해진 답을 외면하고 끊임없이 습관처럼 걱정하며 시간을 허비한다. 하지만 계속 그런 상태로 어떤 결론도 내리지 않았다가는 그나마 남아 있는 내 안의 에너지가 전부 다 고갈되고 말 것이다. 왜 영화 제목에도 있지 않던가. "불안은 영혼을 잠식한다"고.

앞날이 어떤 식으로 펼쳐질지 미리 걱정할 필요 없다. 지금 당장 나에게 중요한 것은 내 인생의 수레바퀴를 계속 힘차게 굴리는 것이다. 직장 문제건, 돈 문제건, 이성 문제건 무엇이든 죽어라 열심히 하다 보면 길은 열리게 되어 있다. 눈앞에 닥친 문제 때문에 걱정이 끊이지 않을 때면 우선 바퀴를 굴린 다음에 생각해도 늦지 않다고 스스로를 격려하자. 바퀴가 어디로 굴러갈지는 알 수 없지만, 최소한 아무것도 하지 않고 제자리에 있는 것보다는 훨씬 나을 것이다.

걱정도 습관이다

마침내 결단, 그리고 결정

실천 Tip 6

~~~~~~~~~~

걱정도 습관이라는 점을 기억할 것

걱정을 너무 많이 하다 보면 어느 순간부터 결정하기 전에 걱정부터 늘어놓게 된다. 이때 누군가가 "그래서 해보긴 했어?"라고 물어보면 말문이 막힌다. 그렇다. 망설이는 사이에 당신은 자기도 모르게 우유부단한 사람으로 주변에 낙인찍히고 말았다. 끝 모를 걱정이 머릿속을 점령하는 순간 '지금 하는 걱정이 습관적인 건 아닐까'하고 생각해보자.

모멘텀 효과에 주목할 것

인생에는 탄성이 붙는 순간들이 있다. 그리고 이러한 탄성은 좋은 에너지가 있을 때 생겨나는 것이다. 전전긍긍하는 사람은 온통 불안감에 휩싸여 좋은 계획이 있어도 좋은 결과를 얻지 못한다. 모멘텀 효과를 제대로 얻고 싶다면 우선 긍정적인 생각을 많이 하고 힘을 내어 일을 추진해야 한다. 그렇지 않으면 될 일도 안 된다.

일단 수레바퀴를 굴리기 시작할 것

걱정만 하다 보면 때도 놓치고 사람도 잃는다. 그러나 우유부단한 당신이 한순간에 추진력 있는 사람이 되긴 어려울 것이다. 다만 마음가짐만이라도 '우선 지르고 본다' 쪽으로 가다듬어야 한다. 그리고 작은 행동이라도 시작해야 한다. 그것이 무엇이든 관계없다. 중요한 것은 '시작'이라는 점을 명심하자.

4단계

더 단단한 나를 향해 한 걸음

"내 마음을 지키는
멘탈 강한 사람이 되려면?"

갓난아기는 기어보려고 갖은 애를 쓴다. 마침내 기기 시작하면 어떻게 해서든 일어나 걸어보려고 한다. 걷게 되면 뛰어다니고 싶어진다. 마음도 그렇다. 한 단계, 한 단계 성장할수록 과거에는 쳐다보지도 못했던 것들이 하고 싶어진다. 시기와 질투도 커지고, 도전하지 못하던 것에도 도전하고 싶어진다. 물론 그 과정에서 실망도 커진다. 과거에는 할 수 있는 것이 적었기에 그만큼 고통의 크기도 작았다. 지금은 할 수 있는 것이 많아졌기에 그만큼 고통의 크기도 커졌다. 고통이 두려워 지금 여기서 멈춘다면 어떻게 될까? 고인 물이 썩듯이 권태와 매너리즘에 빠지게 될 것이다. 겨우 걱정을 다스리고 자기 인생의 문제를 스스로 결정할 수 있는 사람이 됐는데, 이러한 변화가 하찮게 느껴질 수도 있다. 그러면서 점점 더 과거의 모습으로 돌아가게 된다. 우리가 계속 성취하고 성장해나가야 하는 이유가 여기에 있다. 걱정의 늪에 빠져 허우적대던 내가 내 감정의 주인으로 살아가려면 죽는 날까지 내적 성숙을 이루어가기 위해 노력해야 하는 것이다. 결국 내면이 단단하고 정신력이 강해져야만 온갖 불안과 근심과 걱정으로부터 영원히 멀어질 수 있음을 기억해야 한다.

나 자신에게 건네는
작은 선물

결심하고 결단을 내리는 연습을 통해 그동안 감정을 억압하고 남을 의식하며 살던 삶을 버리기 시작한 사람이라도 막상 뜻대로 거침없이 살다 보면 어느 순간부턴가 불안해지기 시작한다. 사람에게는 진정 원하는 것을 선택하는 것보다 익숙한 것을 선택하려 하는 본능이 남아 있기 때문이다.

남을 신경 쓰지 않고 원하는 대로 살아가면 죄를 짓는 것 같고 잘못을 저지르는 것 같다. 게다가 이전과 다르게 행동하는 나를 보며 가족이나 동료, 친구들에게서도 태클이 들어온다. "너 요새 무언가 달라진 것 같아. 괜찮아?" 하며 걱정스럽다는 듯이, 하지만 나에게 이상이 있는 게 확실하다는 듯이 묻는 사람들이 생긴다.

이렇게 묻는 사람들 중에는 아마 진심으로 나를 걱정하는 이도 있을 것이다. 하지만 개중에는 감정적으로건 금전적으로건 나를 이용해야 하는데, 내가 이전과 달리 호락호락하지 않으니까 딴죽을 거는 사람도 분명 있다. 문제는 이럴 경우 나의 쓸데없는 죄책감이 다시 발동한다는 점이다.

'내가 할 말 하고 사는 게 남들에게는 스트레스를 주는 거 아닐까? 괜히 내가 야근을 못 하겠다고 해서 다른 사람이 내 일까지 떠맡는 것 아냐? 아, 그래. 그래서 나한테 자꾸 변한 것 같다고 하나 보다. 내가 거부한 일을 자기가 떠맡게 되어서 힘드니까. 이렇게 남에게 피해를 줄 바에야 차라리 내가 조금 참는 게 낫지.'

결국 변화의 방향이 '행복'에서 '고행'으로 급속하게 바뀌어버린다. 이때 어김없이 희생 본능도 발생한다.

인간의 시간은 제한되어 있다. 남을 위해 살면 그만큼 나를 위해 사는 시간이 줄어들게 마련이다. 그렇기 때문에 예전처럼 스스로 짜증도 많이 날 것이다. 하지만 가까스로 자신의 행동을 정당화한다. 타인을 위해 자신을 희생하는 것이 실은 내가 진짜로 원했던 일이라고 주문을 걸면서.

결국 그간 모든 노력이 수포로 돌아간다. 어디 그뿐인가. 슬프게도 내 모습도 이전의 답답하고 짜증 많고 머릿속에 온갖 부정적인 생각이 가득 찬 사람으로 되돌아가게 된다.

걱정도 습관이다

자신에게 관심을 갖는 것의 의미

사람이 변하는 게 쉬운 일은 아니다. 비단 나를 이용하려는 사람들뿐 아니라 나를 둘러싼 다양한 환경에서도 나의 변화를 가로막는 장애물이 어디서 어떻게 튀어나올지 모르는 세상이다. 우리는 앞으로 한 발짝 전진했다가도 이런 장애물에 가로막혀 두 걸음 후퇴하기도 하고, 어디선가 장애물이 생겨나 또다시 다섯 걸음 물러나기도 한다. 이것은 나에게만 닥치는 특별한 일이 아니라 너무나 당연한 세상의 이치다.

정말 중요한 것은 두 걸음 후퇴했을 때 세 걸음 앞으로 나오고, 다섯 걸음 물러났을 때 여섯 걸음을 성큼 내딛는 일이다. 진정한 내적 성장은 이런 끊임없는 후퇴와 용기 있는 전진 속에 서서히 이루어진다. 여기에는 지름길도 없고 특별한 비법도 있을 수 없다. 그저 변화에 대한 끊임없는 갈망과 포기하지 않는 지속적인 노력만이 있을 뿐이다.

이렇게 힘겹게 앞으로 나아가는 나 자신이 정말 대견하지 않은가? 이 과정은 참으로 어렵기 때문에 자칫 얼마 가지 못하고 쉽사리 지칠 수도 있다. 이를 방지하려면 후퇴했던 발걸음을 한 발짝씩 앞으로 옮길 때마다 스스로에게 상을 주어야 한다. 나 자신이 나 자신을 즐겁게 해주어야 한다.

몸이 힘든 것은 눈에 빤히 보인다. 그렇기 때문에 땀이 흐르고 손발이 저릴 정도로 힘들게 일하고 나면 누구나 휴식을 권하고 스스로도 쉬어야겠다고 느낀다. 하지만 뇌가 힘든 것, 마음이 힘든 것은 눈에 보이지 않는다. 타고난 체력이 각자 다르듯이 뇌의 힘과 마음 근육의 강도도 사람마다 다른데, 우리는 이것을 쉽게 알아채지 못한다. 그래서 자신의 생각을 예민하게 점검하고 마음을 수시로 보살펴야 한다. 쉴 때가 되진 않았는지, 너무 지친 건 아닌지 계속해서 관심을 기울여주어야 한다. 그리고 한계가 왔다 싶으면 쉬면서 나에게 즐거움을 선사해야 한다. 때때로 정말 신나게 놀아야 한다.

용기 있는 작은 발걸음을 기념하며

그렇다면 나에게는 어떤 형태로 선물을 해야 하는 것일까? 자꾸 원래 상태로 돌아가고자 하는 본능을 이겨내기 위해서는 주 단위, 월 단위로 이루어지는 단기적인 보상과 3개월, 6개월 단위의 중장기적인 보상, 그리고 1년 단위의 장기적인 보상이 모두 필요하다. 만약에 주 단위의 보상을 참아서 누적이 되면 월 단위의 보상이 커져야 하고 월 단위 보상을 참아서 누적이 되면 1년 단위의 보상이 커지는 식으로 계획을 세워야 한다.

여기서 말하는 보상이라는 게 스스로를 칭찬한다거나 하는 정신적인 것도 될 수 있겠지만, 그보다는 물질적인 것이 낫다.

그동안 매주 주말마다 시댁에 가는 게 몹시 스트레스였던 주부가 있다고 하자. 남편과 맞벌이를 하는 이 주부는 주말을 온전히 시댁 식구들과 함께하고, 일요일 늦게 집에 오면 지난 일주일간 밀린 빨래와 청소, 내일부터 먹을 반찬 준비로 쉴 틈이 없다. 남편은 전혀 집안일을 도와주지 않는다. 1년에 단 하루도 쉬지 못하는 이 피곤한 삶을 살아온 지 10년 만에 이 주부는 결심한다.

'이번 주말에는 시댁에 가기 싫다고 해야지. 그리고 남편에게 청소도 좀 하라고 해야겠다.'

다소 갈등이 있을 것이고 그 갈등의 한가운데에 자기가 놓여 있을 것이라는 생각만으로 그녀는 오금이 저리게 무서웠다. 벌써부터 머리끝까지 화가 난 시어머니와 황당하다는 듯이 자기를 쳐다볼 남편 얼굴이 눈앞에 생생했다.

하지만 그녀는 두려움을 꾹 참고 시어머니에게 하고 싶은 얘기를 또박또박 꺼냈다. 이대로 계속 살다간 자기가 미칠 것 같다는 절박감이 그녀에게 용기를 불어넣은 것이다.

"어머님, 이번 주에는 제가 너무 힘들어서 못 갈 것 같아요."

시어머니는 처음엔 무척 당황했지만, 이내 알았다고 하고 전화를 끊었다. 그녀는 남편에게도 얘기했다.

"여보, 이번 주에는 내가 너무 힘들어서 어머님한테 못 가겠어. 그리고 내가 빨래하고 음식 만들 동안 당신이 청소 좀 해줘."

4단계: 더 단단한 나를 향해 한 걸음

남편 역시 당황하는 기색이 역력했지만, 이내 조용히 청소를 시작했다. 그녀는 이렇게 원하던 바를 달성했다. 그러자 자신감이 솟으면서 마음 한 구석이 이전보다 훨씬 단단해졌다는 생각이 들었다.

스스로가 대견하게 느껴진 그녀는 자신에게 선물을 주기로 하고 내친 김에 그간 아껴놨던 비상금을 털어 명품 가방을 하나 장만했다. 그녀에게 이 가방은 고가의 사치품이 아니라 두려움을 극복해내고 얻은 승리의 징표였다. 그녀는 아마 이 가방을 보면서 두고두고 자기가 내디딘 작은 발걸음을 기억할 것이다.

보상이 꼭 명품일 필요는 없다. 마음 맞는 이와 가까운 곳으로 여행을 떠나도 좋고, 마사지를 받으러 가도 된다. 두려움을 이겨낸 자신에게 어떤 형태로든 시간과 돈을 쓰되 스스로가 더할 나위 없이 기쁠 수 있다면 그것이 진정한 보상이다. 이것에 대해 생각하는 것만으로 우리는 스스로를 더욱 자랑스럽게 여길 수 있을 테니까.

더 단단한 나를 향해 한 걸음

실천 Tip 1

～～～～～～～～～～～～～～～～～～～～

태클이 들어와도 조금 참고 변화를 유지해나갈 것

스스로를 조금씩 변화시켜 좀 더 나은 사람으로 성장해나가기 위해 힘겨운 노력을 기울이고 있는 당신. 얼마나 대견한가? 그런데 이전과 달리 당신이 목소리를 내기 시작하자 은근히 태클을 걸어오는 사람들이 하나둘 생겨난다. "눈 딱 감고"라는 말은 이럴 때 쓰라고 있는 말이다. 남들이 뭐라고 하든 노력을 계속해나가자.

자신에게 줄곧 관심을 기울일 것

당신은 그동안 다른 사람들 눈치를 보고 배려하며 행동하느라 정작 자기 자신에게는 큰 관심을 기울이지 못했다. 지금부터라도 나 자신을 예민하게 돌아보고 어디 아픈 데는 없는지 잘 살고 있는지 물어보자. 나의 1차적인 보호자는 바로 나 자신임을 잊지 말아야 한다.

자신에게 줄 보상을 구체적으로 마련할 것

변화의 여정은 결코 쉽지 않을 것이다. 그래서 보상이 필요하다. 한 걸음을 뗄 때마다 자기에게 줄 선물을 마련해보자. 주 단위, 월 단위의 단기적인 보상은 물론, 이것을 꾸준히 잘 해냈을 때의 장기적인 보상까지 하나하나 챙기자. 변화 과정이 힘들다고 여겨질 때마다 보상을 무엇으로 할지 생각하면 작은 기쁨과 마음의 여유를 찾을 수 있을 것이다.

두려움을 이겨내는
강한 멘탈

'초심자의 행운'이란 말을 들어본 적 있는가? 고스톱을 생전 처음 해본다는 사람이 판을 싹쓸이하고, 주식에 첫 발을 디딘 사람이 엄청난 돈을 벌기도 하고, 사업을 막 시작한 사람이 단번에 대박을 터뜨리는 것을 두고 우리는 이런 말을 한다. 그런데 이것이 정말 단순한 '운'인 걸까? 결론부터 말하자면, 그렇지 않다.

사람들은 처음 무언가를 시작할 때 두려움이 없다. 전에는 경험해본 적이 없는 일을 하게 됐으니 처음에는 주변 사람들이 어떻게 하나 잘 살피고 신중하게 들어가긴 할 것이다. 그러나 아직 실패를 모르기 때문에 심하게 망설인다거나 여러 가지 수를 놓고 고민에 고민을 거듭하거나 하진 않는다. 그저 몇 가지 가능성을 놓고 충분히 검토한 후 곧바로 실행에 돌입할 것이다.

걱정도 습관이다

적당한 눈치와 적당한 배짱. 이것이 초심자의 행운 뒤에 놓인 비밀인 셈이다.

문제는 그렇게 해서 두세 번 연달아 좋은 결과가 나오면 겁이 사라진다는 점이다. 내가 하면 무조건 될 것 같은 마음에 성급하게 일을 크게 벌인다. 그러나 신중함이 사라진 선택은 나쁜 결과로 이어질 수밖에 없다. 브라질 출신의 소설가 파울로 코엘료 Paulo Coelho가 소설 《연금술사》에서 말한 것처럼 "무언가를 찾아나서는 도전은 언제나 초심자의 행운으로 시작되고 반드시 가혹한 시험으로 끝을 맺는다."

진짜 문제는 그다음부터다. 실패를 한번 맛본 사람은 쉽사리 그 충격에서 벗어나지 못한다. 계속 도전하긴 하지만 악몽을 떨쳐내지 못한 채 줄곧 실패를 경험하게 되고, 여기에 스스로 '징크스 Jinx'라는 말을 붙여 자신의 실패를 패턴화하기까지 한다. 아예 너무 위축되고 두려움이 커져서 도전 자체를 꺼리게 되는 이들도 있다. 이들은 시작도 하지 않으면서 닥치지도 않은 미래를 불안해한다.

몇 번의 성공에 들떠 신중함을 망각한 사람이나 몇 번의 실패에 충격을 받아 배짱을 잃어버린 사람 모두 결국 일희일비하느라 소중한 성장 기회를 계속 놓쳐버리고 만다. 이런 안타까운 사람들이 우리 주변에는 생각보다 너무나 많다.

승리에 대한 갈망보다 중요한 것

2군에서는 강타자인데 1군에만 올라가면 주눅이 들어 실력을 발휘하지 못하는 프로야구 선수가 있었다. 이기고 싶은 마음은 그누구보다 간절했지만, 1군 경기에만 들어서면 아웃이 될 것이라는 두려움에 사로잡혔다. 그러다 보니 우울증이 생겼다. 다시 2군에 내려갔는데, 그동안은 문제가 없던 수비에서도 실수가 생겼다. 한 번 실수하니까 '또 실수하면 어떻게 하지' 걱정이 됐다. 그러다 보니 공이 올 때마다 긴장하게 되고, 과거에는 아무 생각없이 자동적으로 공을 잡아서 1루로 던졌는데 이제 자신의 몸이자꾸 의식되면서 수비도 느려졌다. 당연히 실수도 늘었다. 그는 평생을 함께한 야구가 진짜 싫어져버렸다.

흔히 우리는 간절히 원하면 이길 수 있다고 믿는다. 그러면서 패배한 사람에게는 승리에 대한 열망이 부족해서 진 것이라고들 말한다.

그런데 사람들이 잘 모르는 게 하나 있다. 승리에 대한 갈망과 패배에 대한 두려움은 별개의 감정이라는 것이다. 이기고 싶다는 생각은 전두엽에서 이루어진다. 그런데 패배에 대한 두려움이 만들어지는 데는 '변연계'라는 감정과 관련된 부분이 관여한다. 재미있는 것은 이기고 싶다는 생각에 집착하다 보면 패배에대한 두려움 역시 동시에 커진다는 점이다. 결국 이기고 싶다는

걱정도 습관이다

열망과 질까 봐 두려운 마음이 충돌하게 되고, 후자가 전자를 덮어버리면 제 실력을 발휘하지 못하게 된다.

앞서 등장한 2군 야구 선수에게 진짜 필요한 것은 이기고 싶다는 간절한 마음이 아니라 질 것 같은 순간에도 두려움을 다스릴 수 있는 통제력이었다. 요즘 흔히 "넌 진짜 멘탈이 강해"라든가 "걔는 멘탈이 너무 약해서 탈이야"와 같은 표현을 많이 쓰는데, 어쩌면 이 선수에게 가장 필요한 것은 강한 멘탈이었을지도 모르겠다.

강한 멘탈을 가진 사람은 남에게 좋지 않은 소리를 들어도, 더럭 겁이 나는 위기의 순간이 와도 머리를 어지럽히는 두려움과 잡념에 굴복하지 않는다. 초심자의 행운이 찾아와도 넋 놓고 기뻐하지 않는다. 나를 둘러싼 여러 사람과 환경은 시시때때로 바뀌기 때문에 그에 맞춰 특별히 흔들릴 필요가 없다는 것을 잘 알기 때문이다.

평소 모의고사에서는 꾸준히 좋은 성적을 내다가 막상 수능에서는 그에 못 미치는 결과를 얻는 학생들이 있다. 이와 반대로 모의고사 성적보다 훨씬 좋은 성적을 내는 대단한 학생들도 있다. 여기에는 운도 작용하겠지만 누가 얼마나 강한 멘탈을 갖고 있느냐도 크게 작용한다. 주변 사람들의 시선에 민감하고 성공하고 싶다는 생각에 집착할수록 사람들은 걱정이 많아진다. 그리고 걱정이 많아지면 필시 실수가 많아진다.

4단계: 더 단단한 나를 향해 한 걸음

모든 사람에게 사랑받을 필요가 있을까? 없다. 일이나 시험을 꼭 성공이냐 실패냐의 관점으로 볼 필요도 없다. 집착의 노예가 되느니 차라리 마음을 탁 놓아버리는 것이 정신 건강에도 좋고 결과적으로도 모든 면에서 훨씬 낫다. 굳이 예를 들지 않아도 우리는 주변에서 이런 장면을 정말 많이 본다.

걱정을 이기는 강한 멘탈로 거듭나려면

당연한 얘기지만 멘탈이 여리디 여린 이른바 '두부 멘탈'의 소유자일수록 점점 더 커지는 괴물 같은 생각들에 크게 휘둘린다. 이들이 하루아침에 '강철 멘탈'로 재탄생할 수는 없다. 그럴 수 있는 방법은 있을 수 없고 있어서도 안 된다. 이들은 자기의 들쭉날쭉한 감정을 조금씩 조절하면서 하나하나 마음을 다잡아나가야 한다.

이를 위해 앞에서 소개했던 감정 일지를 활용하는 방법을 추천한다. 감정 일지를 쓰면서 스스로의 감정을 객관적으로 들여다보고 분석했다면, 이번에는 이렇게 차곡차곡 쌓인 감정 일지를 읽어보면서 과거의 상황을 되짚어보고 당시의 감정을 되새겨보는 것이다.

인간의 감정은 과거, 현재, 미래의 영향을 받는다. 내가 어떤 상황에서 어떤 감정이 발생할지는 그동안 자라온 과거에 의해 상당 부분 결정된다. 나의 과거와 상관없이 현재의 요동치는 감정만 잘 가라앉히겠다고 마음먹고 무언가를 시도하면 대부분 실패하게 마련이다. 때문에 감정 조절이 어려울 때는 자신의 삶을 한번 돌아보아야 한다. 이런 점에서 감정 일지는 현재 내 감정을 예측하고 다스려주는 가장 좋은 '반면교사反面教師'다.

사람들은 화가 나고, 슬프고, 밉고, 욕망할 때는 그 감정이 영원할 것 같지만 감정 일지를 읽으며 막상 모든 감정에는 끝이 있게 마련임을 깨닫곤 한다. 무엇보다 그 끝이 생각보다 일찍 찾아온다는 사실에 안도한다. 돌이켜 보라. 10년 전에 있었던 일 중에서 떠올리는 것만으로 당신을 괴롭히는 일이 있는지. 가슴 한쪽이 살짝 욱신댈 정도의 아픔을 주는 일은 있을 수 있지만, 억장이 무너질 정도로 괴로운 일은 잘 떠오르지 않을 것이다.

무언가를 차분히 읽어볼 수 없을 만큼 감정 동요가 심하고 마음이 너무 괴로울 때는 앨범을 꺼내 어렸을 때부터 지금까지 내가 성장해온 과정을 쭉 살펴보는 것도 좋다. 별것 아닌 방법 같아도 의외로 효과가 좋다. 대부분의 사람은 이렇게 앨범을 보며 다음과 같은 생각을 하게 됐다고 털어놓았다.

"이 정도로 괴로운 일이 그동안 한두 번이 아니었는데, 그래도 꾸역꾸역 여기까지 오긴 했네요."

그렇다. 사람은 희망이 있어야 살아갈 수 있다. 실제로 캔자스

대학교 경영학과 셰인 J. 로페즈Shane J. Lopez 교수는 자신의 저서 《희망과 함께 가라》에서 희망이 인간의 수명은 물론 건강, 질병, 직장에서의 성공 등이 삶의 질에 굉장히 큰 영향을 미친다는 사실을 과학적으로 밝혀냈다. 그러면서 자살 문턱에 있는 사람에게 희망 전략을 구체적으로 제시함으로써 그가 미래를 설계해나갈 수 있도록 도운 과정을 소개한다. 그는 인간이 삶을 지속하는 원동력은 명백히 희망에 있다고 단언한다.

감정 일지를 읽어보든 앨범을 찾아보든, 작은 희망이라도 발견할 수 있는 무엇이 있다면 기를 쓰고 해보라. 과거를 되돌아보고 현재를 분석하면서 감정의 찌꺼기를 말끔히 치운 후 희망의 씨앗을 새로 뿌리자. 그래야 미래도 말간 얼굴로 찾아온다.

더 단단한 나를 향해 한 걸음

실천 Tip 2

'초심자의 행운'이 어떤 의미인지 되새길 것

초심자들에게 유독 운이 따르는 이유는 그들이 미지의 영역을 개척하는 데 따른 신중함과 실패를 모르는 데 따른 추진력을 동시에 갖췄기 때문이다. 당신이 어떤 일에서나 관계에서 좋은 성과를 내기 위해 필요한 것이 바로 이 신중함과 추진력이다. 잘 따져보되 망설이지 않고 앞으로 나아가는 것. 초심자의 행운은 바로 이런 교훈을 알려준다.

감정 일지를 읽어볼 것

감정 일지는 당장 내 마음을 어지럽히는 수많은 감정들을 객관적으로 분석하고 가라앉히기 위해 쓰는 것이다. 그런데 시간이 지나 이것을 읽어보면 과거의 부정적인 감정들이 얼마나 한시적인 것이었는지를 여실히 깨닫게 된다.

어린 시절의 앨범을 들여다볼 것

감정 일지가 지난 감정들의 부질없음을 느끼게 해준다면 어린 시절의 앨범은 당신 스스로가 그간 많은 일들을 겪고 지금까지 어떻게 성장해왔는지를 돌이켜 보게 해준다. 결국 모든 것은 지나가게 마련이며 지금 내가 처한 현실도 일순간에 지나지 않음을, 당신의 성장 앨범은 분명히 얘기해줄 것이다. 이는 당신이 당장의 현실에 얽매여 괴로워하지 않고 좀 더 넓은 마음과 장기적인 안목을 갖는 데 도움이 된다.

당위성의 함정에
빠지지 말자

평소 감정 표현을 제대로 하지 못하고 항상 참기만 하며 살던 남자가 있었다. 그러던 어느 날 어떤 일을 계기로 '여태껏 내가 너무 참고만 살았어. 이제부터는 화도 마음대로 내고, 내 멋대로 살 거야'라고 다짐하게 됐다. 그러고는 자기에게 잔소리를 퍼붓는 아내에게 용기를 내어 대꾸해보기로 했다.

"당신 말이 너무 심한 거 아냐? 당신은 나를 너무 무시하는 거 같아."

평소엔 아무리 쏘아붙여도 묵묵부답이던 남편이 꿈틀거리니 아내는 놀란 눈치가 역력했다. 그러나 이내 곧 전열을 재정비한 아내가 아까보다 목소리를 세 옥타브쯤 높여 더 심하게 남자를 몰아붙였다. 남자는 갑자기 분노가 치솟기 시작했다.

걱정도 습관이다

"넌 언제나 너만 잘났지? 나라고 뭐, 너만 못해서 이렇게 사냐? 내가 무슨 돈 벌어다주는 기계야? 너도 밖에 나가서 일이나 해보고 그런 소릴 하라고!"

남자는 어느 순간 완전히 눈이 뒤집혔고 자신이 뭐라고 소리를 질렀는지 기억도 못 할 만큼 아내를 몰아붙였다. 정신을 차리고 보니 깨진 유리 조각 옆에서 아내가 공포에 떨며 울고 있었다. 남자는 순간 자기가 미친 짓을 했다는 생각이 들며 스스로가 너무나 두렵게 느껴졌다. 그는 '아니, 나에게 이런 폭력성이 있다니. 다신 화를 내지 말아야겠어'라고 생각하며 후회에 몸서리를 쳤다. 아내에게 사과한 그는 그냥 살던 대로 조용히 살아야겠다고 마음먹었다. 스스로를 변화시키겠다는 굳은 다짐이 순식간에 무너지는 순간이었다.

'반드시'라는 말을 머리에서 지워라

그동안 남의 눈에 잘 띄지 않고 조용히 살아오던 사람들이 자신의 마음을 옥죄던 두려움을 벗어던질 때 잘 빠지는 것이 바로 당위성의 함정이다. 그동안은 살면서 하기 싫어도 무언가를 어쩔 수 없이 슬금슬금 해야 하는 상황에 놓이면 그저 달아나곤 했다. 그런데 어떤 계기나 마음가짐의 변화로 삶을 대하는 태도가 적극적으로 달라지면 그렇게 살아온 자신이 비굴하게 느껴진다. 스스로가 무책임하고 비겁하게 느껴지기도 한다. 그래서 이제부터라도 자기 인생은 스스로 책임지고 주도적으로 살아야겠다고 결심하곤 하는데, 이러한 결심이 너무 강하거나 행동에 잘못 영향을 끼치면 오히려 당위성의 함정에 빠져 더욱 고생하게 된다.

심리학에서 당위성의 함정에 빠진다는 말은 '무언가를 반드시 해야만 한다'는 생각에 사로잡히는 것을 의미한다. 일단 당위성의 함정에 빠지면 그 외의 다른 것을 전혀 생각하지 못한다.

우울증에 걸리면서 폭식증이 동반되어 몸무게가 고무줄처럼 늘어난 엄마가 있었다. 그러던 중 아이가 초등학교 입학 후 첫 운동회를 맞게 됐다. 아이는 당연히 엄마가 운동회에 함께 가줄 것이라고 생각하고 완전히 들떠 있었다.

그런데 엄마는 자신의 추한 모습을 남에게 보이고 싶지 않았다. 예전에 비해 형편없이 살이 찐 자기 모습을 사람들이 쳐다보며 손가락질할 것만 같아 두려웠다. 그렇다고 운동회에 가지 못하겠다고 하면 아이가 너무 실망할 것 같았다. 이럴 수도 저럴 수도 없다는 생각에 이르자 엄마는 너무나 절망스러웠다.

'그냥 오늘 확 죽어버릴까?'

이런 생각마저 들었다.

이 엄마는 '아이 운동회에는 엄마인 내가 반드시 가야 한다'는 당위성의 함정에 빠져 있다. 그러다 보니 그 상황에서 절대 벗어나지 못할 것이라는 생각에 사로잡히게 된 것이다.

제삼자가 보기에는 '그냥 운동회에 안 가면 그만이지, 무슨 아이 운동회 때문에 죽고 싶다는 생각까지 할까' 싶을 것이다. 하지만 당위성의 함정에 빠진 사람은 끝없이 걱정하고 도저히 이 상황을 타개할 구멍이 없다는 생각에 절망한다. '나이가 들면 결혼해야 한다' '결혼을 하면 이혼이란 없다' '치매에 걸린 부모님은 절대 내가 모셔야 한다' 같은 말들도 마찬가지다. 이런 당위성이 머릿속을 지배하면 나이에 떠밀려 어쩔 수 없이 결혼했다 후회하고, 인생 내내 남만 원망하며 불행한 결혼생활을 하고, 감당 안 되는 노부모를 억지로 모시다 부모와 함께 동반 자살을 시도하기도 한다.

자기 자신에게 조금만 관대해질 수 없을까

무언가를 꼭 해야 한다고 생각하는 마음은 바꾸어 말해 책임감이라고도 볼 수 있다. 사람들은 자신에게 불리한데도 끝까지 태도를 바꾸지 않는 이들에 대한 환상을 가지고 있다. 한 번 정한 원칙은 반드시 지키는 사람, 자기 입으로 내뱉은 말은 무슨 일이 있어도 책임지는 사람. 우리는 이런 사람들을 전적으로 신뢰하며, 자기 자신도 이런 사람으로 평가받고 싶어 한다.

물론 이런 식의 일관성은 타인과 살아가면서 반드시 필요한 부분이다. 그러나 일관성이 지나쳐 융통성을 잃어버리게 되면 문제가 발생한다. 아무 이익도 없는 명분 싸움에 휘말리는 경우가 그렇다.

'계속 고집을 부렸다간 일이 더 커질 텐데….'

마음속으로는 이런 생각이 자꾸 들어 미치겠는데도 마지막까지 태도를 바꾸지 못한다. 결국 이 일로 인해 나와 내 주변 사람 모두 씻을 수 없는 손해를 보게 된다.

가장 중요한 것은 내가 살고 보는 것이다. 내가 살아야 주변 사람들도 돌아볼 여유가 생긴다. 가끔은 무책임해도 괜찮다. 사실 그렇게 책임감이 투철한 사람도 세상에 많진 않다. 사람들은 대부분 '이렇게 살아야 한다' '그럴 땐 당연히 이렇게 해야지'라고 남에게 훈수를 두지만 막상 본인은 그렇게 하지 않고 자기 편한 대로 산다. 남한테만 엄격하고 자기 자신에게는 한없이 관대한 것이 인간의 슬픈 본성이다. 게다가 그렇게 산다고 해서 생각보다 많이 욕먹지도 않는다. 거듭 강조하지만 사람들은 남의 일에 간섭하는 걸 좋아하긴 해도 그만큼 남에게 관심을 쏟지는 않는다.

자기 자신의 행동과 마음가짐에 높은 기준을 적용하고 그것을 지키기 위해 애쓰는 것은 고결한 행동이다. 그 기준을 지키기 위해 애쓰는 동안 다소 힘든 점이 있더라도 스스로에게 더할 나위 없는 기쁨이 찾아온다면 그것으로 충분하다.

하지만 그 과정이 너무 고통스럽고 이미 마음 한편에서 그러고 싶지 않다는 강력한 신호가 오고 있는데도 남들의 시선 때문에 혹은 알량한 자존심 때문에 다른 길을 선택하지 않는다면 그보다 더 바보 같은 짓은 없다. 수치스럽더라도 당위성의 함정에서 빠져나와야 한다.

세상에 완벽한 사람은 없다. 용서받지 못할 일도 없다. 100% 옳은 길이란 더더군다나 없다. 대부분의 일은 시간이 지나면 사람들의 기억에서 잊히게 마련이다. 당신은 세상에서 가장 소중한 존재인 나 자신에게 유독 인색하게 굴고 있진 않은가? 한번 되돌아보길 바란다.

4단계: 더 단단한 나를 향해 한 걸음

더 단단한 나를 향해 한 걸음
실천 Tip 3

～～～～～～～

시행착오에 겁먹지 말 것

자기 변화의 과정에는 반드시 시행착오가 따라올 수밖에 없다. 사람이 바뀐다는 게 어디 쉬운 일인가? 문제는 그런 시행착오가 있을 때마다 겁먹고 뒷걸음질 치는 것이다. 그렇게 되면 결국엔 처음보다 훨씬 더 뒤쪽으로 물러나게 된다. 시행착오를 겪고 나서 한 발짝 앞으로 나아가는 것 역시 과정의 일부라고 생각하자. 할 수 있다.

'반드시'라는 단어를 인생에서 지울 것

세상에 안 하면 큰일 나는 일은 거의 없다. 이 책에서 나도 '반드시'란 말을 몇 번 쓰긴 했지만, 사실 반드시가 반드시 필요한 건 아니다. '이거 안 하면 나 정말 죽을 텐데……'라는 생각이 들 정도로 절박한 상황일 때 그냥 그 일을 내팽개쳐보자. 당신이 두려워했던 것만큼 정말 큰일은 웬만하면 벌어지지 않는다.

자신을 갉아먹는 책임감은 버릴 것

스스로에게 자부심을 안겨주는 책임감은 권장할 만하다. 그러나 단지 책임감 때문에 하기 싫은 일을 억지로 해야만 하는 상황이라면? 때때로 책임감은 우리의 영혼을 무척이나 아프게 만든다. 장남으로서의 의무, CEO로서의 책임, 친구 사이의 의리……. 이런 고정관념 때문에 원하지도 않은 일을 하며 괴로워하는 것은 무엇보다 중요한 나 자신에 대한 책임을 전혀 지지 않는 것과 다름없다. 이런저런 책임을 들먹이기 전에 나 자신에 대한 책임, 내 마음에 대한 책임부터 먼저 생각하자.

보통과 모자람은
동의어가 아니다

열등감이 심한 여자가 있다. 이 여자가 가장 극심한 자기 비하에 빠질 때는 바로 동창회를 다녀온 직후다. 학교 다닐 때는 나와 성적도 비슷하고 집안 형편도 별로 차이가 나지 않던 친구가 돈 많은 배우자를 만나서 혹은 사업이 대박 나서 온몸에 명품을 휘감고 오는 걸 보면 속이 뒤틀린다는 것이다.

그렇게 소위 잘나가는 친구들을 보다가 자기를 보면 그렇게 초라해 보일 수가 없더란다. 평범한 집안에, 평범한 회사를 다니며, 평범한 연봉을 받는 자기 남편도 시답잖고, 반에서 딱 중간 정도 성적을 받아오는 아들도 탐탁지 않고, 무엇보다 전셋집에서 매달 생활비 걱정에 주름이 깊어가는 자기 자신이 가장 구질구질해 보인다고 했다. 원래도 자존감이 높지 않은 사람인데 남들과의 비교까지 더해지니 불에 기름을 부은 격이었다.

객관적으로 이 여자는 딱 대한민국 보통의 사람들이 사는 삶을 살고 있다. 특별히 부족한 것도 없고 나름대로 착실하게 하루하루를 살아가고 있다. 그럼에도 스스로를 비하하는 사고, 즉 '보통은 아무것도 아니다'라고 단정하는 이러한 사고를 '양극화된 사고'라고 한다.

이들은 마치 자기 자신이 아무것도 잘하는 게 없고 잘난 게 없다고 느끼며 좌절한다. 그러고는 곧 지독한 열등감에 시달린다. 스스로를 하찮게 생각하면서 끝없는 자기 비하에 빠진다. 이들이 가장 많이 하는 생각 중 하나가 '나는 왜 이렇게 별로일까'다.

우리가 '모 아니면 도'를 믿게 된 이유

열등감 이면의 양극화된 사고는 다시 말해 '모 아니면 도' 심리라고 할 수 있다. 이들은 다음과 같이 말한다.

"쟤는 부자야. 나는 가난해." "A? A는 착하지. B는 못됐고. C랑 D도 착해빠졌고." "넌 행복해? 난 너무 불행해." "이번 우리 팀장은 되게 무능해. 이전 팀장은 유능했지."

그렇다. 이들에게는 중간이라는 게 없다. 그래서 본인이 남보다 탁월하게 능력이 좋거나 유별나게 잘살거나 하지 않으면 스스로를 무가치하다고 느낀다. 그야말로 흑백 논리의 최전선에 있는 사람이라고 해도 과언이 아니다.

아주 쉽게 생각해보자. 확률상 우리는 대부분 평균에 해당한다. 초등학교 다녔을 때를 보면 자기가 반에서 맨날 1등이었다고 하는 사람들투성이인데, 사실 그 사람들 대부분은 거짓말을 하고 있는 것이다. 현재 30~40대인 사람들이 초등학교에 다닐 때에는 반 전체 학생 수가 50~60명 정도였다. 이들 중 한 명만이 1등이고, 나머지 49~59명은 1등이 아니었다. 그리고 이 학생들 중 20~30명 정도는, 다시 말해 '대부분'은 평균적인 성적을 거뒀다.

그런데 어렸을 때부터 탁월함만을 강요받고 살아온 우리인지라 평균적인 경제 수준에 보통의 가치를 지키며 무난하게 살아가는 자신을 어딘가 모자라다고 생각하는 것 같다. 하긴, 반에서 25등을 했다고 찍힌 성적표를 들고 집에 들어가면 우리 부모님들은 왜 그것밖에 못하는 거냐고 야단을 치곤 했다.

'나보다 못하는 아이가 수십 명이나 되는데, 왜 내가 못했다는 거지?'

어린 마음에 원망도 들고 의문도 든다. 그런데 사회에 나와서도 우리는 같은 얘기를 듣는다. 탁월한 성과를 내지 못하면 생존할 수 없다는 것이다. 심지어 TV에서는 나보다 훨씬 어려운 환경에서도 독하게 노력해 성공을 거둔 이들이 나와 뒤통수를 때리듯 일갈한다.

"저같이 맨손으로 시작한 사람도 해냈습니다. 그러니 여러분도 하실 수 있습니다. 아무것도 안 하는 자신을 부끄러워하세요. 인생은 소중한 것입니다."

이쯤 되면 얼굴이 화끈대면서 열등감이 화산처럼 폭발한다. 그러면서 '평범한 나'가 어느새 '못난 나'로 둔갑하게 된다. 못난 나를 견딜 수 없어 너무 괴로워지면 환상 속으로 달아나려 하기도 한다. 그동안 모르고 있던 비범한 능력이 내 안에 숨겨져 있다고 생각하면서 몇 날 며칠을 새로운 무언가에 미친 듯이 몰두한다. 그러다 일이 잘 안 풀리면 이전보다 열등감은 더욱 커진다.

평범함, 그 안의 다름만으로 충분하다

심리학에는 '자아 존중감'과 '공적 존중감'이라는 용어가 있다. 자아 존중감은 알려진 대로 내가 나를 얼마나 높게 생각하느냐 혹은 얼마나 낮게 생각하느냐를 반영한다. 공적 존중감은 타인이 나를 얼마나 높게 생각하느냐 혹은 얼마나 낮게 생각하느냐를 반영한다.

어떤 사람이 높은 지위에 오르고 주변으로부터 유능하다는 평가를 받더라도 정작 본인은 자신에게 부족한 점이 많다고 느끼는 경우가 있다. 이는 공적 존중감에 비해 자아 존중감이 떨어지는 것이다. 흔히 대인기피증이라 불리는 사회공포증이나 우울증에 걸렸을 때 이런 패턴이 나타난다. 이와 반대로 어떤 사람은 참 자기 잘난 맛에 사는 것 같은데, 주변 사람들이 보기엔 변변찮은 인물이다. 이런 사람은 공적 존중감에 비해 자아 존중감이 지나치게 높다. 주로 조증 상태거나 자기애성 인격장애가 있는 사람일 가능성이 크다.

어떤 평범한 아주머니가 우울증에 걸렸다. 항우울제를 투약하자 무기력함, 불면증, 식욕 부진, 피곤함, 집중력 감소 등의 증세는 호전됐다. 그런데 자신감만은 계속 저하되어 집단치료를 받았다. 아주머니는 평생을 주부로 살아왔는데, 대학을 나오지 못한 게 늘 콤플렉스였다. 본인이 보기에 자기가 별로 예쁜 것 같지도 않았다. 남편도 평범한 직장인이고, 자녀도 명문대생이 아니었다. 그래서 자신 있게 내세울 만한 게 하나도 없다고 생각했다.

돈이 많고 지위가 높거나 유명한 사람일 경우 처음 집단치료를 할 때는 사람들의 관심을 받는다. 하지만 사람들이 집단치료에 참가하는 이유는 자신의 속마음을 드러내고, 위로받고 공감받기 위해서다. 처음에는 그 사람의 사회적 지위 때문에 누군가 말을 하면 집단원들이 귀를 기울이더라도 나중에는 그런 것들이 다 소용없게 된다.

집단치료에서 이 아주머니는 남의 얘기를 잘 들어줬다. 그리고 집단원들이 속상한 얘기를 할 때마다 잘 공감해줬다. 그러자

4단계: 더 단단한 나를 향해 한 걸음

자아 존중감이 매우 낮았던 아주머니는 집단원 사이에서 인기를 얻으면서 어느새 공적 존중감이 높아지기 시작했고, 아주머니의 자아 존중감과 공적 존중감 사이에 차이가 생겨났다. 집단원들이 칭찬을 하면 아주머니는 "나는 아무것도 모르는 평범한 사람"이라고 말했다. 집단원들은 아주머니가 겸손하기까지 하다는 데 감동을 받았고, 아주머니의 공적 존중감은 더욱 높아졌다.

아주머니가 스스로를 못난 사람이라고 생각했던 것은 남들 눈에 보이는 학력, 재력, 남편의 지위, 자녀의 대학 같은 것 중에서 자랑할 만한 것이 없어서였다. 하지만 아주머니는 그렇게 눈에 보이는 부분은 평범했을지 몰라도 눈에 잘 보이지 않는 내적인 면에 있어서는 그렇지 않았다. 아주머니는 타인을 잘 이해하고 공감하고 위로해주는 성숙한 인간이었다. 그런 것들이 얼마나 소중한 것인지 스스로가 몰랐을 뿐이다.

자신의 평범함이 모자람으로 느껴질 때가 종종 있을 것이다. 하지만 평범한 나만 가지고도 평범한 세상에서 평범하게 살면서 행복할 수 있다. 게다가 사람들이 가진 평범함은 다 같은 색깔이 아니어서 그 안에도 분명 보석같이 반짝이는 다름이 숨겨져 있다. 그 반짝이는 다름은 순서를 매길 수 없는 가치다.

우리가 해야 할 일은 나의 평범함을 비하하지 않는 것, 그리고 그 평범함 속에서 나만의 다름을 조용히 발견하는 것이다. 자아 존중감은 바로 이 지점에서 발생한다.

걱정도 습관이다

더 단단한 나를 향해 한 걸음

실천 Tip 4

~~~~~~

모 아니면 도 심리에서 벗어날 것

대부분의 상황에서 부정적인 생각이 먼저 드는 사람들은 '저 사람은 날 좋아하지 않아. 날 싫어하나 봐'라고 단순하게 결론을 내리는 것도 모자라 '내가 어디가 어때서? 내가 전에 그 말 한마디 한 것 때문에 그러나?'라고까지 무척이나 복잡하게 생각한다. 사안을 바라볼 때 모와 도 사이에 정말 많은 경우의 수가 있음을 기억하자. 그렇게 생각하는 것이 나중에 좀 덜 복잡하게 생각할 수 있는 길이다.

잘하는 일이 없으면 다른 부분을 찾을 것

흔히 강점에 집중하라는 얘기를 하곤 하는데, 스스로 강점이 없다고 생각하는 이들은 이 말에 더욱 위축되게 마련이다. 그럴 때는 곰곰이 나는 남과 무엇이 다른지 한번 생각해보자. '내 친구들은 다 말하는 걸 좋아하는데, 나는 말수가 적어'라는 생각이 든다면 나는 말주변 없는 사람이 아니라 남의 말을 잘 들어주는 사람인 것이다. 이렇게 다름을 먼저 발견하고 거기에서 강점을 발견해가는 것이 현명하다.

공적 존중감을 높일 것

나를 아주 잘 아는 집단에게는 칭찬을 들어도 별로 감흥이 없을 때가 많다. 그러니 가끔은 아예 모르는 사람들의 무리에 들어가 함께 활동하며 그 사람들로부터 평가를 받아보는 것도 좋다. 물론 좋은 얘기가 안 나온다면 공적 자존감이 바닥을 치겠지만,

보통 사람들은 그렇게 잘 모르는 남에게 막말을 퍼붓진 않으니 안심하시라. 아예 모르는 사람에게 깜짝 선행을 베풀어보는 것도 좋은 방법이다. 무거운 짐을 함께 옮겨준다거나 자리를 양보하는 것 같은 행위를 했을 때 상대로부터 진정 고맙다는 인사를 듣게 되면 자기 자신이 한층 더 좋은 사람처럼 느껴질 테니 말이다.

걱정도 습관이다

진정한 마음의 동반자가
필요하다

인간이 받는 상처 가운데 가장 커다란 상처는 뭐니 뭐니 해도 사람에게 받는 것이다. 심리상담을 받은 이들이 가장 많이 호소하는 것도 사람과 관련된 상처와 두려움이다. 어렸을 적 학대에 기인한 공포, 남과 비교하면서 자신을 깎아내리는 부모에 대한 분노, 연인과 헤어지는 것에 대한 두려움, 이혼의 고통, 누군가의 위협으로 인한 불안감, 받아들여지지 않는 사랑에 따른 상실감, 타인에 대한 시기와 질투 등 우리는 다양한 관계로부터 오는 수천만 가지 감정으로 인해 많이도 괴로워하고 많이도 운다.

하지만 아이러니하게도 "사람에게서 받은 상처는 사람으로 치유해야 한다"는 말이 어느 정도 일리가 있다. 내가 변화하고자 할 때 옆에서 나를 지지해주고 용기를 주는 사람만큼 든든하고 힘이 되는 존재도 없다. 특히나 일시적인 변화에 그치는 것이 아니라 장기적인 성장과 성취로 꾸준히 나아가기 위해서는 내 옆에 좋은 사람을 항상 두는 것이 무엇보다 중요하다.

대화 상대가 있다는 것은 그야말로 축복

정신분석 초창기에는 환자가 자신의 문제를 깨닫기만 하면 변화할 수 있다고 믿었다. 환자들이 자신의 문제를 깨달으면 그것을 병에 대한 인식, 즉 '병식病識'이 생겼다고 표현했다. 그런데 병식이 생겨도 변하지 않는 환자들이 상당수였다. 그래서 심리치료자들은 점점 치료 과정에 관심을 두게 됐다. 내용에 중점을 두는 치료는 환자가 자신이 왜 그러는지를 알게 되면 변화할 수 있다고 가정했다. 반면 과정에 중점을 두는 치료는 환자의 고통에 공감하고 치료자의 진심을 전달하는 것을 중요시했다.

엄마는 어린 아이를 먹여주고, 씻겨주고, 안아주면서 아이에게 완벽한 환경을 제공하려고 노력한다. 상처받은 어른에게도 마찬가지로 그런 존재가 필요하다. 따뜻하고 온전한 심리적 환경이 마련되어야 상처가 치유될 수 있다. 심리치료 이론에는 정신분석, 아들러 학파, 실존치료, 인간중심치료, 인지행동치료, 게슈탈트심리치료 등 다양한 이론이 있다. 그러나 이론에 상관없이 환자를 치유하는 것은 결국 치료자의 따뜻한 마음이다. 다양한 이론은 따뜻한 마음을 전달하기 위한 도구에 불과하다.

정신분석 이전에는 사람들이 종교로부터 그러한 위로를 받았다. 최근에는 종교 외에 자기계발 서적이나 강연, 다양한 멘토들이 그런 역할을 수행한다. 누가 상담을 하건, 어떤 치료적 기법을 사용하건 간에 환자에게 도움이 되는 치료 효과를 심리학에서는 '무조건적 치료 효과'라고 말한다.

우선 얘기를 하는 것 자체가 '카타르시스Catharsis 효과'를 준다. 얘기를 하다 보면 불안도 가라앉고 분노도 다소 사그라든다. 말의 형태는 아니지만, 동물은 소리를 내서 자신의 감정을 표현한다. 의사소통 이전에 인간 역시 아프면 비명을 지르고, 슬프면 눈물을 흘렸다. 말 속에는 의미뿐 아니라 감정도 담겨 있다. 누군가의 메모를 읽을 때와 누군가의 말을 들을 때 어떤 차이가 있는가? 이 두 방법은 감정 전달 측면에서 그 영향력이 천지 차이다. 두말할 것도 없이 말을 직접 듣는 것이 훨씬 더 상대의 마음에 쉽게 공감하는 방법이다.

"내가 너무 힘들다"라는 말을 누군가에게 하는 것은 말의 내용을 전달하기에 앞서 내 감정을 충분히 표출하는 행위다. 그렇기 때문에 말하는 것 자체만으로도 대단한 치유 효과가 있다. 그래서 우리는 무의식적으로 괴로울 때 듣는 사람이 있건 없건 혼잣말이라도 지껄이게 되는 것이다. 아무도 없는 곳에 가서 소리

255

라도 실컷 지르면 마음이 조금 풀리지 않던가. 그러니 고통스러울 때 누군가 말할 사람이 옆에 있다는 것은 그 사실 자체만으로도 큰 축복인 셈이다.

특히나 자기 변화의 문을 힘겹게 연 사람에게는 그 변화를 지속해가는 데 이런 조력자가 끼치는 영향력이 그야말로 절대적이다. 결단을 통해 지금까지와는 다른 삶을 살기로 작정하고 어렵게 첫걸음을 뗐는데, 눈앞에 힘든 일을 맞닥뜨렸다고 해보자. 이때 이전보다 더 많이 두려움에 떨면서 물러나는 사람들이 허다하다. 만약 그 순간 "괜찮다"라고 말해주는 존재가 있다면 우리는 마음의 동요를 조금 더 쉽게 물리칠 수 있을 것이다.

누군가와 대화를 나누는 데는 마음에 힘을 얻는 것 말고도 많은 장점이 있다. 내 고민이 너무나 무거워 보이고 세상에 이런 고민을 짊어진 사람이 나 혼자인 것 같지만, 사실 다른 사람들과 이야기를 나누다 보면 나와 같은 고민을 하는 사람이 의외로 많다는 것을 느낄 때가 많다. 그 사실 하나만으로도 덜 외롭고 견딜 만하다고 느낄 것이다. 그리고 차분히 자신의 고민을 돌아보며 좀 더 객관적인 분석과 평가를 할 수 있게 된다.

이야기를 나누며 정보를 얻게 되기도 한다. 인간은 일단 무언가에 골몰하게 되면 집중력은 높아질지 몰라도 생각의 폭은 좁아지곤 한다. 그러면서 현재 내가 생각하는 방법 말고 또 다른 대안이 있다는 사실을 인지하지 못한다. 그러나 나의 고민과 무관

걱정도 습관이다

한 제삼자의 이야기를 듣다 보면 다른 각도에서 이 문제를 바라볼 수 있음을 깨닫는다. 이로써 새로운 해결책을 모색하게 된다.

어떤 사람을 곁에 둘 것인가

심리상담에 대해 잘 모르는 분들은 흔히 심리상담이 내담자의 문제를 정확히 파악해 치밀하고 감동적인 세션을 진행해서 내담자를 변화시키는 것이라고 생각한다. 그런데 내담자가 매번 와서 같은 이야기를 반복하며 괴로워하면 상담자도 서서히 지치게 된다. 앞서 주변에 걱정쟁이를 두지 말라는 이야기를 한 적이 있는데, 상담자는 일평생 걱정쟁이의 이야기를 듣는 것을 업業으로 하고 사는 이들이다. 그것만으로도 쉽지 않은 일인데, 같은 내담자가 여러 번 와서 했던 이야기를 하고 하고 또 하면 어떤 때는 자기 자신이 착취당하는 것처럼 느껴지기도 한다.

당장 목이 말라서 죽기 직전인 사람에게는 한 모금의 물보다 소중한 것이 없다. 심리상담이란 어떤 점에서 상담자가 그 한 모금의 물을 내담자에게 건네주는 것이다. 그 때문에 상담은 여러 가지로 내담자에게 도움이 될 수 있다. 하지만 지속적인 변화, 성장, 성취를 위해서는 그 과정을 함께해줄 다른 누군가가 절실히 필요하다. 나는 그 누군가를 '마음의 동반자'라고 칭한다.

우리는 평소엔 잘 모르지만, 불안하고 걱정거리가 생겼을 때는 마음의 동반자가 필요함을 절실히 느낀다. 그러나 마음의 동반자란 그렇게 내가 필요할 때만 만나고 필요 없을 때는 만나지 않아도 되는 존재가 아니다. 예를 들어 우정은 오랜 시간을 두고서 서로 감정을 주고받으며 형성되는 것이다. 거기에는 두터운 신뢰가 밑바탕에 깔려 있어서 '이 친구는 나를 위해 기꺼이 손해도 감수할 거야. 나도 물론 그렇게 할 것이고'와 같은 생각까지 한다. 그의 존재만으로도 큰 위안이 된다.

나는 마음의 동반자를 '친구'라는 말로 특정하지 않았다. 왜냐하면 마음의 동반자는 친구면서 동시에 친구 이상인 존재여야 하기 때문이다. 친구와의 관계는 보통 격의 없고 대등하다. 그래서 우리는 친구와 있을 때 보통 마음이 편하다. 문제는 내 마음의 변화에 따라 친구 역시 달라진다는 것이다.

친구에 대한 사람들의 태도는 이중적이다. 한때 친구였는데 상대의 처지와 나의 처지가 달라지면서 멀어지는 경우가 있다. 그럴 때 우리는 그 친구에 대해 "사람이 변했네. 그 친구가 나를 이렇게 대하면 안 되지!"라고 말하며 서운해한다. 그런데 생각해보면 반대의 경우도 있다.

술을 너무 많이 마시는 내가 건강에 이상을 느껴 술자리를 줄이기로 결심한다. 술을 끊으려면 오랜 세월을 함께해온 술친구부터 끊어야 한다. 같은 회사에서 오랫동안 우정을 나누어온 친구

걱정도 습관이다

가 상사와의 문제로 회사를 그만뒀다. 이후 그 친구와 만날 때면 매일 내가 다니는 회사와 나와 잘 지내는 상사를 무자비하게 욕한다. 처음 한두 번은 들어줬지만 만날 때마다 그러니 점점 힘이 빠지고 만남 자체도 거북하게 느껴진다. 그렇게 이 친구를 자연스럽게 피하게 된다. 살면서 이런 일이 어디 한두 번일까?

처지가 달라지면서 마음까지 변하게 되면 새로운 상황에 맞는 새로운 친구가 필요하다. 물론 오래된 친구가 변화한 내 마음을 잘 이해하고 그에 맞춰 새로운 관계 설정을 하는 데 동의해준다면("그래, 이제 술은 다른 놈이랑 마실게. 아님 나도 같이 술을 끊지, 뭐" "이제부터 회사 욕은 안 할 테니까 염려하지 마") 가장 좋을 것이다. 하지만 살다 보면 오래된 친구들만으로 채워지지 않는 부분이 생기게 마련이다. 그 부분을 채워줄 수 있는 새로운 동반자들을 인생의 한 국면, 국면을 맞을 때마다 만드는 것이 무엇보다 중요하다. 특히나 새로운 국면마다 한 뼘씩이라도 성장하고 싶은 사람들에게는 이런 노력이 필수적이다.

4단계: 더 단단한 나를 향해 한 걸음

더 단단한 나를 향해 한 걸음
실천 Tip 5

정말로 힘들 때는 소리 내어 말할 것

말을 한다는 것은 내 머릿속에 담긴 생각을 바깥으로 토해내는 행위다. 머릿속에 괴로운 생각이 가득하다면 이를 말로 토해내어 스스로를 정화시킨다고 생각하자. 그냥 두서없이 얘기하는 것만으로도 상처는 상당 부분 염증 없이 건강하게 아문다.

꽉 막힌 상황에서는 대화를 통해 조언을 구할 것

이러지도 저러지도 못하는 상황에 처해 있다면 좋은 사람과 대화를 하자. 물론 상대가 누구냐에 따라 다르겠지만, 구구절절 자기 얘기를 하는 것만으로 상황이 정리되는 경우도 많다. 또한 상대가 문제 해결에 도움이 되는, 전혀 예상치 못한 정보를 주거나 사안을 바라보는 완전히 새로운 관점을 보여줄 수도 있다.

인생 국면에 맞는 새로운 친구를 만들 것

어릴 때는 "이 친구는 제 단짝이에요" "우리는 평생 갈 사이예요"라는 말을 망설이지 않고 했다. 어른이 되어 취직을 하고 나서는 하루 24시간을 붙어 다니던 친구와 1년에 한두 번 만나기도 쉽지가 않다. 이는 너무나 당연한 것이다. 삶의 국면마다 혹은 의식적으로 성장하게 되는 단계마다 우리는 누군가와 가까워졌다 또 멀어지곤 한다. 다만 각 단계에 맞는 좋은 친구를 사귀려고 노력할 필요는 있다. 내적 성장에 집중하려는 나에게 다른 사람 욕만 하는 친구는 아무리 친하더라도 가까이 두어야 할 상대가 아니다. 누구를 가까이하고 누구를 멀리할지 곰곰이 생각해보라.

생애 주기별
인생 목표 세우기

아이들에게 꿈이 뭐냐고 물어봤을 때 종종 돌아오는 답 중 하나는 "하늘을 나는 것"이다. 청년들 중에도 이 꿈을 그대로 간직한 채 "언젠가 하늘을 꼭 날아볼 거예요"라고 말하는 친구들이 간혹 있다. 그러다 점점 나이가 들고 안정을 찾게 되면 날고 싶은 꿈에 대해 말하는 이들이 거의 사라진다.

재미있는 것은 노년에 접어들어 다시 날아다니는 꿈에 대해 이야기하는 사람들이 간혹 생겨난다는 것이다. 나는 이런 사람을 만날 때마다 조금 긴장된다. '이 사람이 노년에 어울리지 않는 일을 계획하다가 예상치 못한 곤경에 처하는 것은 아닐까' 하는 걱정이 들어서다. 우연일지도 모르지만 날고 싶다는 꿈을 갖고 있는 노인들 중에는 본인에게 벅찬 등산을 하다 다치거나 위험한

4단계: 더 단단한 나를 향해 한 걸음

주식 투자를 했다가 큰 손해를 입거나 젊은 여자와 연애를 하다가 망신을 당하는 분들이 종종 있다.

꼭 정해진 틀에 맞춰 인생을 살아갈 필요는 없다. 결혼할 상대도 없으면서 "나는 30대니까 내년엔 꼭 결혼할 거야"라는 말을 입버릇처럼 하는 사람이나 노는 걸 좋아하는 친구에게 "제발 나 잇값 좀 해라"라고 핀잔을 주는 사람만큼 고리타분해 보이는 이들도 없는 것이 사실이다. 본인이 가장 행복하기 위한 방법, 그러나 남에게 피해를 주지는 않는 방법을 찾아 제 방식대로 흥겹게 살면 된다.

다만 물리적으로 그 연령대에 해내기 힘든 일들이 간혹 있다. 혹은 특정한 연령대에만 할 수 있는 일들도 있다. 아무리 나이는 숫자에 불과하다지만, 나이가 중요하게 작용할 수밖에 없는 상황이 존재하게 마련이다. 또 세월의 흐름에 따라 달라지는 상황도 무시할 수 없다.

좋은 부모의 조건은 달라지는 법

좋은 부모의 기준은 자녀의 나이에 따라 달라진다. 아이가 갓난아기일 때는 제때 수유를 하고 잘 씻겨주는 부모가 좋은 부모다. 온종일 한눈팔지 않고 아이에게 무조건 매달리는 부모가 좋은

걱정도 습관이다

부모다. 아이가 요리조리 뛰어다닐 때는 그런 행동을 예뻐해주고 말썽을 부릴 때도 웃어넘길 수 있는 부모가 좋은 부모다. 서너 살 때 아이의 지능은 머리 좋은 강아지 수준이다. 자신이 하는 얘기를 아이가 이해하고 기억해서 지킬 수 있다고 믿으며, 소위 훈육을 해서 아이를 괴롭히는 부모는 좋은 부모가 아니다.

그런데 갓난아기를 지극정성으로 돌보던 부모 중에는 이후 아이가 걷고 뛰고 자기 의사를 표현해도 계속 아이를 따라다니면서 일일이 간섭하는 부모도 있다. 갓난아기일 때는 좋은 부모였지만, 이제는 좋은 부모가 아닌 것이다. 그러다 아이가 학교에 가면 부모는 성적을 가지고 비교한다. 아이가 공부를 못하면 부모 스스로 더 창피를 느끼고 죽어라 공부를 시킨다. 그러나 실은 아이가 공부를 잘하거나 못하거나 상관없이 아이를 사랑해주는 부모가 좋은 부모다. 그리고 아이가 청소년이 되면 아이의 사생활을 보장해주는 부모가 좋은 부모다.

자식이 결혼하고 가정을 꾸리게 되면 자식으로부터 분리하여 자기 생활을 따로 갖는 부모가 좋은 부모다. 자식이 결혼해서 독립된 가정을 꾸렸는데 시도 때도 없이 찾아가거나 간섭을 하면 최악의 부모다. 자식의 나이도 환갑을 향해 가고 부모가 초고령에 돌입한 경우에는 자식에게 기대지 않는 부모가 좋은 부모다. 건강해서 스스로 생활할 수 있으면 그것만으로도 자식에게 큰 도움을 주는 것이다. 거기에 경제적으로도 자식 도움 없이 생활할 수 있는 부모라면 이보다 더 좋을 수는 없다.

그렇다. 좋은 부모가 되기 위해서는 자녀의 인생 주기에 맞추어 부모로서의 자기 역할도 바꾸어야 한다. 어느 한 시기에 좋은 부모라 불리던 사람도 시간의 흐름을 잊고 계속 똑같이 행동하면 순식간에 나쁜 부모로 전락할 수 있다.

마음의 성장은 어떻게 이루어지는가

마음의 성장이 의미하는 바 역시 나이에 따라 달라진다.《남자가 겪는 인생의 사계절》《여자가 겪는 인생의 사계절》의 저자인 대니얼 레빈슨Daniel J. Levinson은 중년에 돌입한 이 시대 성인들에 관한 전환기 이론을 만들었다. 고등학교만 졸업하면 법적으로는 성인이다. 하지만 대학 등록금을 부모가 내준다면 부모로부터 독립했다고 볼 수 없다. 대학을 졸업하고 취직을 했더라도 부모 집에서 살고 있다면 독립했다고 볼 수 없다. 따라서 부모로부터 경제적으로 독립하고 따로 나와 살기 전까지는 마음 성장의 가장 큰 목표는 일단 '독립'으로 정해진다. 모든 행위는 정신적으로건 경제적으로건 독립을 위한 준비가 된다.

결혼을 했다고 해서 온전히 독립한 것은 아니다. 결혼했지만 부모가 마련해준 집에 살고 부모가 보조해주는 돈으로 살아간다

걱정도 습관이다

면, 그것은 독립이 아니다. 월세가 됐건 전세가 됐건 스스로 장만한 집에서 자신의 수입으로 배우자, 자녀와 함께 살아가야만 독립이 이루어진 것이다.

그다음 목표는 무언가를 계속 '확장'하는 것이다. 일단 아이들이 성장한다. 아이의 키가 크고, 몸무게도 늘고, 초·중·고등학교에 순서대로 진학하는 것도 어떤 점에서는 가정의 확장이라 할 수 있다. 작은 집에서 큰 집으로 집이 점점 커지는 것도 확장이다. 직장에서 승진을 하면서 영향력이 커지는 것도 확장이다. 물론 사회적으로 영향력이 커지는 것도, 은행 잔고가 불어나는 것도 확장이다. 일단 독립한 이후에는 이렇게 확장이 목표가 된다. 전업주부의 경우에는 배우자가 성공하면서 삶을 확장하는 것을 자신의 확장과 동일시하기도 한다.

결혼하지 않은 상태에서 확장을 우선시하는 이들도 있다. 이들은 일단 성공하는 것을 목표로 삼고 자기에게 주어진 일을 죽어라 열심히 해낸다. 그러다 보니 자연스럽게 결혼이 뒤로 미루어진다. 간혹 방송 출연을 할 기회가 있어 PD들을 만나곤 하는데, 죄다 남자건 여자건 생활이 불규칙해서 결혼을 미룬다고 하는 이들이 많았다. "정말 요샌 좋은 남자가 없어" "좋은 여자는 어떻고? 만날 사람이 없어"라고 불평하지만, 정작 그들에게는 일이 우선이기에 연애를 할 시간이 나지 않는 것이다. 이들은 자신이 원하는 경제적·사회적 지위에 도달하고 나서야 가정을 이루는

4단계: 더 단단한 나를 향해 한 걸음

것에 대해 생각한다. 목표가 달라지는 것이다. 혹은 자신이 원하는 경제적·사회적 목표를 이루는 것을 단념하게 되면 가정을 이루는 것에 대해 생각하기도 한다. 가정이 목표가 되면 삶이 달라지고 다른 방향으로 성장한다.

자녀도 다 성장하고 재산을 더 늘리는 것도 어려워지는 시점이 오면 새로운 인생 목표를 세워야 한다. 중년에 이르면 인생이 영원하지 않다는 것을 깨닫게 된다. 자신이 원하는 것을 다 얻을 수 없다는 것도 깨닫는다. 누군가는 몸이 아프면서 그것을 깨닫는다. 누군가는 가정불화로 인해 그것을 깨닫는다. 함께 자녀를 키운다는 이유로 여러 번 갈등을 덮어왔지만, 더는 그렇게 하지 못하게 되면서 이혼하기도 한다. 누군가는 자녀가 기대에 미치지 못하면서 그것을 느낀다. 처음에는 기다리다, 다음에는 화를 내다, 결국은 포기한다.

너무나 당연했던 삶이 당연하게 느껴지지 않는 순간, 이제 삶이 자연스럽게 이어지지 않을 것이라는 사실을 깨닫는 순간은 바로 중년에 찾아온다. 따라서 중년이 되면 외부로의 확장이 아닌 내면으로의 성찰이 필요하다. 성공이라는 객관적 목표가 아닌 행복이라는 주관적 목표가 성장의 주된 주제가 되는 것이다.

과거에는 중년 다음 바로 노년이었다. 하지만 지금은 50대 후반에서 70대 초반까지도 활발하게 활동하는 사람들이 많아서 '실버 세대'라는 말까지 생겼다. 이들은 무언가 할 수 있을 것 같

걱정도 습관이다

은데, 기회가 주어지지 않아 속상하다. 그래서인지 회사에서 나름대로 중역까지 마치고 정년퇴직한 사람들 중에 간혹 보면 무리수를 두는 분이 있다. 조직에 있을 때는 밑에 사람도 있고 지위도 있었다. 무언가 자신이 지닌 것이 많은 것 같았는데, 그것이 뚜렷하지는 않다. 그 불안함 때문에 위험한 투자를 하다 재산을 날리는 것이다. 사실은 외롭고 불안하면서 그것을 있는 그대로 표현하지 않은 채 가족에게 화를 내며 복종을 요구하다 쓸쓸히 고립되는 경우도 있다. 사회적 영향력이 줄어드는 것에 대해 심리적으로 보상받고 싶은 마음 때문에 선거에 나가기도 한다. 꼭 국회의원 선거같이 큰 판이 아니더라도 시·도의원이나 군의원 선거에 나갔다가 돈만 날리고 명예도 날린다. 자신이 관련 있는 이런저런 협회 선거에 나섰다 망신을 당하기도 한다. 젊음을 놓치고 싶지 않은 마음에 무엇을 먹으면 늙지 않는다더라, 무엇을 바르면 늙지 않는다더라, 어떤 운동을 하면 젊어진다더라 하는 말에만 관심을 둔다. 영혼은 없고 육체만 남은 삶을 사는 이도 있다. 불안함과 무기력함을 잊기 위해 섹스에 몰두하다 바람이 나고 황혼에 망신스럽게 이혼당하는 사람도 있다.

평생을 통해 얻은 경험을 헛되이 해선 안 된다. 그것이 탐욕으로 이어지게 놓아두어서도 안 된다. 자기 자신만을 위해서가 아니라 나의 가족, 친구, 나아가 낯모르는 타인을 위해서도 가치 있는 존재가 되는 것을 목표로 삼아야 한다.

전 가족이 유대인 포로수용소에서 사망하고 절망 상태에서 미국으로 건너가 마음의 병이 있는 아이들을 치료하며 다시 삶을 시작한 위대한 아동 분석가 브루노 베텔하임Bruno Bettelheim은 그의 명저 《옛이야기의 매력》에서 다음과 같이 인생의 목표에 대해 제시한다.

만약 우리가 하루하루를 덧없이 보내는 것이 아니라 참된 존재로서의 나를 의식하며 살고 싶다면 가장 절실한 과제는 삶의 의미를 찾는 일일 것이다. 얼마나 많은 사람들이 삶의 의미를 찾지 못한 채 살려는 의욕마저 상실하고 마는가. 삶의 의미란 특정한 나이가 된다고 해서 저절로 알게 되는 것이 아니며, 더구나 어른이 된다고 해서 갑자기 이해되는 것도 아니다. 삶의 의미에 대한 온전한 이해는 정신적 성숙을 통해서만 가능한데, 정신적 성숙은 오랜 시일에 걸친 자아 발전의 최종적 결과다. 그러므로 나이를 먹으면서 그때마다의 정신 연령과 이해 수준에 맞게 고민하며 탐색한 의미들이 차곡차곡 쌓여 삶의 의미를 찾게 되는 것이다.

걱정도 습관이다

더 단단한 나를 향해 한 걸음
실천 Tip 6

나이는 숫자에 불과하다는 말을 조심할 것

꼭 나잇값 하려고 애쓸 필요는 없다. 다만 시간이 지나면서 자연스럽게 만들어지는 상황에 따라 그에 맞는 목표를 세우고 서로 다른 역할을 해야만 한다는 사실을 자연스럽게 인지할 필요는 있다. 나이는 숫자에 불과하단 말에 홀려 할 수 없는 일, 해서는 안 되는 일에 발을 담그는 우를 범해서는 안 될 것이다.

나의 생애 주기에 맞는 목표를 세울 것

아직 부모의 품 안에 있어야 할 학생 신분이면서 따로 나가 살고 싶다고 '독립'을 부르짖어선 안 된다. 사람은 자기가 갖지 못할 것들을 은연중에 간절히 바라는 경향이 있긴 하지만 아직 때가 아닌데 무리한 꿈을 꾸어서는 곤란하다. 내 나이에 맞는, 내 형편에 맞는 꿈을 꾸고 목표를 세워야 지속적인 성장도 가능한 법이다.

나이에 맞는 고민을 하고 그것의 의미를 찾을 것

살다 보면 그 나이에 반드시 해야 하는 몇 가지 고민들이 존재한다. 스무 살에는 앞으로 어떤 삶을 살 것인지 직업을 포함한 자기 미래에 대해 고민해야 한다. 서른 살에는 부모님으로부터 완전히 떨어져 어떤 가정을 일굴 것인지, 마흔 살에는 은퇴 후의 삶을 어떻게 꾸릴 것인지 신중하게 고민해야 한다. 그 과정에서 내 삶의 의미에 대해서도 자연스레 생각하게 된다. 이런 고민은 꼭 필요한 것이다.

인간은
무의식적으로 성장한다

어느 날 한 나그네가 길을 가는데, 어떤 할머니가 황소를 둘러업고 가는 것을 보게 됐다. 나그네는 그 할머니에게 "도대체 허리도 구부정한 분께서 어떻게 그 커다란 황소를 업고 갈 수 있게 되셨습니까?"라고 물었다. 그러자 할머니는 "어렸을 때부터 매일매일 황소를 업다 보니 이렇게 됐네요"라고 말했다. 일부러 황소를 업어야겠다고 마음먹고 연습을 한 것이 아니라 자연스럽게 조금씩 더 많은 무게를 들 수 있게 됐던 것이다.

마음도 그렇다. 마음이 어느 날 갑자기 단단해지거나 훌쩍 성숙해지는 일은 없다. 마음의 성장 역시 특별히 엄청난 노력을 기울였다거나 의식을 각성하는 충격적인 계기가 있지 않은 이상 자기도 모르는 사이에 저절로 이루어지는 경우가 더 많다.

걱정도 습관이다

누구에게나 찾아오는 무의식적 성장의 기회

무의식적인 내면의 성장을 거치면서 어느 날 훌쩍 커버린 생각으로 놀라운 성취를 이루어내는 사람을 우리는 종종 보게 된다. 고故 스티브 잡스Steve Jobs는 자신이 만든 회사 '애플Apple'에서 쫓겨난 후 무엇 하나 제대로 되는 것 없는 10년의 시간을 보냈다. 새로 '넥스트NeXT'라는 컴퓨터 회사를 만들었지만, 계속 적자만 봤다.

사람들이 보기에 잡스의 잃어버린 10년은 돈과 명예를 모두 놓친 '암흑의 시간'이었다. 그러나 잡스는 거듭 실패를 하면서 돈으로 살 수 없는 내공을 키웠고 무엇과도 바꿀 수 없는 강한 정신력을 갖게 됐다. 그 덕에 다시 애플에 복귀했을 때 처음보다 훨씬 더 크게 성공할 수 있었다.

인도의 성자 마하트마 간디Mahatma Gandhi도 마찬가지다. 그가 남아프리카공화국에서의 시간을 마치고 인도로 처음 돌아왔을 때 인도의 정치가들은 그가 곧바로 본격적인 활동에 돌입할 것이라 생각했다. 그러나 간디는 1년간 인도 전역을 돌아다닌 후 '아슈람Ashram'이란 공동체를 만들고서 칩거에 들어갔다. 유명한 정신분석가인 에릭 H. 에릭슨Erik H. Erikson은 《비폭력의 기원》에서 이 기간이 남들이 보기엔 그의 칩거 시기였지만, 사실 이때 그의 무의식적인 성장이 이루어졌다고 말한다. 그러면서 그것이 어떻게 가능했는지를 상세히 기술한다.

　이런 현상이 대단한 사람들에게만 일어나는 것은 아니다. 평범한 사람에게도 이런 일은 얼마든지 일어난다. 가까운 예로 여자가 아이를 낳고 키우는 과정은 그 자체로 무의식적인 성장의 경험이 되는 경우가 많다. 지금은 의학이 발달해 위험이 많이 줄어들긴 했지만, 과거에 출산은 목숨을 걸고 하는 일이었다. 게다가 아이를 바르게 키우는 일은 엄청난 책임감이 없으면 할 수 없는 일이기도 하다. 여자가 아이를 낳고 나면 어른들로부터 "철들었다"는 말을 종종 듣곤 하는데, 이것이 모두 다 근거 있는 소리인 셈이다.

　한편 부부 가운데 남자보다 여자가 정신적으로 더 성숙한 경우가 많은 건 어떤 이유에서일까? 과거에 남자는 목숨을 걸고 사냥을 하면서 위험을 극복하고 책임감을 배워나갔다. 그 이후에도 수많은 전쟁에서 생사를 오가는 경험을 하며 내적 성장을 이룰 수 있었다. 그러나 요즘에는 그런 상황이 아예 없다. 그러니 여자는 어쨌든 삶이 끝날 것만 같은 공포를 느끼며 극심한 고통 속에 출산 경험을 하고 육아를 하면서 성장을 해나가지만, 남자에게는 무의식적인 성장의 경험을 만들 기회가 상대적으로 적을 수밖에 없다.

걱정도 습관이다

자기의 축과 자아의 축이 가까워지도록

그렇다면 올바른 무의식적 성장은 어떻게 이루어지는가?

우리 내면에는 마음의 축이 두 가지 존재한다. 하나는 '자아의 축', 다른 하나는 '자기의 축'으로 이 두 가지 축이 우리의 몸과 마음을 관통한다. 자아의 축은 '내가 아는 범위의 나'라는 원의 중심이다. 자기의 축은 무의식을 포함한 '내 마음'이라는 원의 중심이다. 즉 자기의 축은 '내가 모르는 나'를 포함한다.

만약 어떤 사람이 무의식적으로 누군가를 위해 봉사하는 삶을 살고 싶어 한다고 해보자. 그런데 그의 부모는 남들 보기에 성공적인 삶, 이기적인 삶을 권한다. 자아가 자신을 인식하는 범위 안에서는 성공을 지향하는 CEO의 삶이 매력적이다. 그래서 이 사람의 자아의 축은 CEO의 삶을 지향한다.

결국 그는 CEO가 되어 성공가도를 밟게 됐지만, 시간이 지날수록 무언가 잘 풀리지 않는 듯한 답답함, 불안감, 초조함을 느꼈다. 자아의 중심과 자기의 중심이 점점 더 멀어지면서 그의 마음은 갈기갈기 찢기는 듯한 고통에 휩싸인다. 그가 CEO로 성공할수록 그의 무의식적인 갈망인 봉사하는 삶을 살 가능성은 점점 희박해지기 때문이다.

결국 그는 고통이 너무 큰 나머지 더 빨리 더 많은 돈을 모아 얼른 은퇴하고 싶다는 생각에 횡령을 시작한다. 그러다 보니 마음이 더 괴롭다. 그래서 횡령한 돈으로 기부를 하며 자신은 봉사하는 삶을 살고 있다고 합리화한다. 더 빨리 더 크게 성공하기 위해 더 많이 횡령하고, 더 많이 횡령할수록 죄책감을 덜기 위해 더 많이 기부하는, 그야말로 역설적이고 비극적인 상황이 벌어진 것이다.

이 얘기가 말도 안 되는 것처럼 들리는가? 하지만 실제 그런 사람이 있었다. 나스닥Nasdaq 증권거래소 회장이었던 버나드 메이도프Bernard Madoff는 2009년 월가 사상 최악의 폰지 사기 사건으로 150년의 금고형을 선고받았다. 그런데 메이도프와 가족들은 1,900만 달러 이상을 자선 사업에 기부했다. 메이도프는 개인적으로도 600만 달러를 림프종 연구에 기증했다. 사기 액수가 늘어날수록 기부 액수도 늘어났다. 나중에는 기부를 위해 더 큰 사기를 치는, 진짜 말도 안 되는 상황까지 벌어지게 됐다. 어쩌다 보니 그는 '기부 천사'와 '금융 사기꾼'이라는 두 얼굴의 사나이가 되어버렸던 것이다.

이 모순된 상황을 해결하려면 '나도 모르는 나'가 있다는 것을 인정해야 한다. 그리고 CEO로서 세속적인 성공을 추구하는 자아의 중심이 너무 뻗어나가지 않도록 조절해야 한다. 대신 봉사하는 삶을 살고 싶어 하는 자기의 중심이 더욱 확장되도록 돈이 아닌 몸으로 부딪치는 봉사 활동을 당장 실현해야 한다. 그렇게 자기의 축과 자아의 축 사이의 간격을 줄여야 한다. 무의식적

걱정도 습관이다

으로 성장하는 삶이란 결국 자기의 축과 자아의 축이 점점 가까워지는 삶이라 할 수 있다.

과거에는 무의식을 꼭 밝혀내 의식화해야만 인간의 변화가 가능하다고들 얘기했다. 그러나 지금은 그렇지 않다. 무의식이 꼭 의식이 되어야 깨달음을 얻는 것은 아니다. 무의식은 무의식대로 생각한다.

우리는 삶에 대해서 이런저런 불만을 가진다. 이런 삶을 원한 것은 내가 아니라고 말하고 싶다. 그러나 누군가가 나의 머리에 총을 겨누거나 혹은 나의 목에 칼을 대고 시킨 것이 아닌 한 모든 것은 나의 선택이었다. 의식적으로 한 대단한 결심이 아닌, 수도 없이 많은 무의식적인 선택이 나의 삶을 결정한 것이다.

군이 무의식을 밝혀내려고 애쓰지 말자. 다만 의식적으로 내가 늘 꿈꾸어왔던 것을 현실로 이루어냈을 때 기대했던 것보다 훨씬 만족감이 적다면, 시간이 지날수록 오히려 불행하다는 생각이 든다면 진짜 내가 원하는 것은 이것이 아닐 가능성이 크다. 그렇다면 완전히 반대급부에서 생각할 수 있어야 한다. 좀 더 다양한 가능성을 열어놓고 이것저것 해보는 것도 괜찮다. 의외의 선택에서 작은 만족을 얻는다면 그것이 바로 무의식이 나에게 보내는 신호일 수 있다. 그렇게 자꾸 밸런스를 맞춰가야 한다.

더 단단한 나를 향해 한 걸음

실천 Tip 7

~~~~~~~~~~~~~~~~~~~~~~~~~

실패의 경험, 괴로운 순간을 증오하지 말 것

지긋지긋한 실패와 당신을 바닥까지 주저앉혔던 기억을 다시 떠올리기조차 끔찍할 때도 있다. 하지만 지금의 당신이 예전보다 조금 더 단단해졌다면 이는 모두 당신에게 상처를 줬던 그 경험들 때문이 분명하다. 우리는 전혀 의식하지 못하지만, 과거의 수많은 순간들이 바로 당신의 무의식적 성장을 이끌어왔다.

무의식이 원하는 것과 의식이 원하는 것 사이의 균형을 찾을 것

어릴 때부터 자신이 줄곧 이 직업을 가지고 싶어 했다는 걸 믿어 의심치 않는 사람이라 할지라도 무의식의 목소리는 전혀 다를 수 있다. 삶에 자꾸 불만이 생기고 지금 하고 있는 일이 맞지 않는다고 느껴진다면 다른 쪽을 건드려보는 것도 좋다. 이것저것 조금씩 건드리다 보면 당신이 진짜 원하는 것이 무엇인지 알 수 있다. 둘 사이의 밸런스를 찾는 것이 중요하다.

불만을 다시 볼 것

불평불만이 쏟아져 나올 때가 있다. 내가 저지르지도 않은 일 때문에 억울하게 욕을 먹는 일도 생긴다. 하지만 이 상황들은 결국 원했든 원치 않았든 내 무의식이 조종하여 발생한 일일 가능성이 상당히 크다. 모든 원인이 자기 자신에게 있다고 한 번쯤 생각해보라. 그러고 나서 문제를 해결하려고 노력해보는 것이다.

나를 위한 걱정 관리자,
'감정 일지' 쓰기

● 현재 당신을 괴롭히는 가장 큰 고민거리는 무엇인가?
  최대한 구체적으로 적어보자.

예) 직장에서 곧 해고될 것 같다.

....

....

....

....

....

....

....

....

● 앞서 적은 고민거리와 관련된 감정에 모두 ✓ 표시를 해보자.

	두려움
	불안감
	분노
	수치심
	굴욕감
	패배감
	당황
	죄책감
	실망감
	좌절감
	고독감
	슬픔
	스트레스

나를 위한 걱정 관리자, '감정 일지' 쓰기

● ✓ 표시를 한 항목을 아래에 적어보자. 그리고 각각의 항목에
  10점 만점으로 하여 임의로 점수를 매겨보라.

예) 두려움 7점, 불안감 9점, 수치심 6점, 스트레스 9점

....

....

....

....

....

....

....

....

걱정도 습관이다

나를 위한 걱정 관리자, '감정 일지' 쓰기

● 이와 같은 감정을 불러일으킨 원인은 과연 무엇인가?
  어떤 생각 때문에 그런 감정이 든 것인가? 자유롭게 써보자.

예) 상사가 수시로 나에게 '이런 식으로 할 거면 그냥 사표 써!'라고 윽박지른다.
    이 회사에서 잘리면 당장 다음 달 학자금 대출을 갚을 길이 없다.
    백수가 된 나를 받아줄 곳이 없을 것 같다.

....

....

....

....

....

....

....

....

걱정도 습관이다

나를 위한 걱정 관리자, '감정 일지' 쓰기

● 아래 생각의 오류 목록을 살펴보라. 그리고 이어지는 페이지에
  앞서 적어놓은 생각이 어디에 해당되는지 골라 적어보라.

생각의 오류에 관한 각각의 자세한 설명은 본문 120~126쪽을 참고하자.

· 과잉 일반화

· 장점 깎아내리기

· 자기 비난

· 마음의 색안경(선택적 추상화)

· 이분법적 사고(흑백논리)

· 그릇된 마음 읽기(잘못된 심리 추측)

· 점쟁이 오류

· 과대평가 혹은 과소평가

· 판단하고 명령 내리기

· 재앙화

· 남 탓으로 돌리기

· 감정적 추론

· 나쁜 별명 붙이기

예) 상사가 수시로 나에게 '이런 식으로 할 거면 그냥 사표 써!'라고 윽박지른다.

　→ 그릇된 마음 읽기, 재앙화, 나쁜 별명 붙이기

　이 회사에서 잘리면 당장 다음 달 학자금 대출을 갚을 길이 없다.

　→ 점쟁이 오류, 과대평가

　백수가 된 나를 받아줄 곳이 없을 것 같다.

　→ 이분법적 사고, 점쟁이 오류, 감정적 추론

나를 위한 걱정 관리자, '감정 일지' 쓰기

● 앞서 점수를 매겼던 감정들을 아래에 한 번 더 적고 다시 점수를 매겨보라. 점수가 낮아졌다면 그만큼 당신을 짓누르는 걱정의 무게가 가벼워진 것이다.
점수에 변함이 없다면 앞의 순서를 다시 한 번 되풀이하자.

걱정도 습관이다

참고 문헌

대니얼 레빈슨, 김애순 옮김, 《남자가 겪는 인생의 사계절》, 이화여자대학교출판부,
  2003.

대니얼 레빈슨, 김애순 옮김, 《여자가 겪는 인생의 사계절》, 이화여자대학교출판부,
  2004.

브루노 베텔하임, 김옥순 옮김, 《옛이야기의 매력 1》, 시공주니어, 1998.

셰인 J. 로페즈, 고상숙 옮김, 《희망과 함께 가라》, 알키, 2013.

에릭 H. 에릭슨, 신승철 옮김, 《비폭력의 기원》, 청하, 1987.

이부영 지음, 《분석심리학》, 일조각, 2006.

줄리아 크리스테바 지음, 김영 옮김, 《사랑의 역사》, 민음사, 1995.

최영옥 외 지음, 《스포츠 행동의 심리학적 이해》, 대한미디어, 2002.

토머스 해리스, 조성숙 옮김, 《마음의 해부학》, 21세기북스, 2008.

칼 구스타프 융 지음, 이윤기 옮김, 《인간과 상징》, 열린책들, 1996.

파울로 코엘료, 최정수 옮김, 《연금술사》, 문학동네, 2001.

Irvin D. Yalom 지음, 최웅용, 천성문, 김창대 옮김, 《치료의 선물》, 시그마프레스,
  2006.

Irvin D. Yalom, Molyn Leszcz 지음, 최해림, 장성숙 옮김, 《집단정신치료의 이론과
  실제》, 하나의학사, 2008.

Judith S. Beck 지음, 최영희, 이정흠 옮김, 《인지치료》, 하나의학사, 1997.

K. M. Colby 지음, 이근후 옮김, 《정신치료 어떻게 하는 것인가》, 하나의학사, 1992.

걱정도 습관이다

초 판 1쇄 발행일 2014년 9월 30일
초 판 7쇄 발행일 2017년 2월 10일
개정판 1쇄 인쇄일 2023년 12월 12일
개정판 1쇄 발행일 2024년 1월 2일

지은이 최명기

발행인 윤호권
사업총괄 정유한

편집 최유진 **디자인** studio forb **마케팅** 윤아림
발행처 ㈜시공사 **주소** 서울시 성동구 상원1길 22, 7-8층(우편번호 04779)
대표전화 02-3486-6877 **팩스(주문)** 02-585-1755
홈페이지 www.sigongsa.com / www.sigongjunior.com

ⓒ 최명기, 2014, 2024

ISBN 979-11-7125-292-3 03180

*시공사는 시공간을 넘는 무한한 콘텐츠 세상을 만듭니다.
*시공사는 더 나은 내일을 함께 만들 여러분의 소중한 의견을 기다립니다.
*알키는 ㈜시공사의 브랜드입니다.
*잘못 만들어진 책은 구입하신 곳에서 바꾸어 드립니다.

WEPUB 원스톱 출판 투고 플랫폼 '위펍' __wepub.kr
위펍은 다양한 콘텐츠 발굴과 확장의 기회를 높여주는
시공사의 출판IP 투고·매칭 플랫폼입니다.